Als Kapellmeister und Komponist war Johann Strauß (Sohn) eine der populärsten Persönlichkeiten seiner Zeit. Richard Wagner, Brahms und Bruckner, Liszt, Bülow, Tschaikowsky, Richard Strauss und Arnold Schönberg haben sein Genie erkannt, und doch wurde und wird er bis auf den heutigen Tag unterschätzt. Lebensfreude, Anmut und nicht zuletzt Lebenskultur waren die Elemente seiner Kunst. Ihnen diente er vorbehaltlos; sein persönliches Schicksal schirmte er – verwundbar und im Alltag allzuleicht zu verstören – gegen die Neugier selbst seiner Freunde ab. Der Wiener Musikexperte Franz Mailer hat die authentische Biographie eines Künstlers geschrieben, der mehr war als nur ein «Walzerkönig».

Franz Mailer, geboren 1920 in Wien, war nach einem Studium der Philosophie als Organist, Korrepetitor und Musikreferent in seiner Heimatstadt tätig. Er arbeitet heute vor allem als Fachschriftsteller für Rundfunkanstalten.

In der Reihe der rororo-Taschenbücher erschienen ferner: Wolf Siegfried Wagner «Die Geschichte unserer Familie in Bildern» (Nr. 4223), Werner Neumann «Das kleine Bach-Buch» (Nr. 4289), H. C. Robbins Landon «Das kleine Haydn-Buch» (Nr. 4322), Géza Rech «Das Salzburger Mozart-Buch» (Nr. 4380) und Bernhard Paumgartner «Das kleine Beethoven-Buch» (Nr. 4412). Außerdem liegen in der Reihe der rororo monographien rund 30 Bände mit Komponistenporträts in Selbstzeugnissen und Bilddokumenten vor.

Das kleine Johann Strauß-Buch

von
Franz Mailer

rororo

Rowohlt

Veröffentlicht im Rowohlt Taschenbuch Verlag GmbH,
Reinbek bei Hamburg, Januar 1980

Umschlagentwurf Werner Rebhuhn
(Foto von Johann Strauß um 1870
Archiv für Kunst und Geschichte, Berlin)
Satz Garamond (Linotron 404)
Gesamtherstellung Clausen & Bosse, Leck
Printed in Germany
580-ISBN 3 499 14479 4

Inhalt

* Strauß Vater

Das Leben ein Tanz

Um das Jahr 1750 zog der Offiziersdiener Johann Michael Strauß aus der an den Ufern der Donau gelegenen ungarischen Doppelstadt Ofen-Pest stromaufwärts nach Wien: er folgte seinem Herrn, dem Grafen Roggendorf, in die Residenz des Erzhauses Habsburg.

Noch lagen die Lasten des Erbfolgekrieges, den Maria Theresia, selbstregierende Königin von Ungarn und Böhmen, nach dem Tod ihres Vaters, des Kaisers Karl VI., zu führen hatte, schwer auf den Bürgern der Donaumetropole. Aber als dieses verlustreiche Ringen und der sich daran schließende «Siebenjährige Krieg» zu Ende waren, als Franz Stephan von Lothringen, Maria Theresias Gemahl, die Kaiserkrone des Römischen Reiches wieder nach Wien zurückgeholt hatte, stieg die Reichshaupt- und Residenzstadt rasch zu weithin beherrschender Macht und verdientem Ansehen auf. Die lebensfrohe und kluge Kaiserin bereicherte Wien mit einer Vielfalt großzügiger Bauten und sorgte für einen jähen Impuls bei den Künsten und Wissenschaften. Getreu ihrem Motto «Spektakel müssen sein», förderte Maria Theresia auch die Schauspielkunst: das k. k. Hof-Burgtheater und das alsbald der Pflege von Oper und Ballett zugeordnete «Theater nächsten dem Kärntner-Thor» begannen ihre Rollen in der Stadtchronik zu spielen, und noch im 18. Jahrhundert entstanden – als notwendige und wichtige Ergänzung der Hoftheater – in den wichtigsten Vorstädten der Residenz vielbesuchte Volksbühnen.

Vor allem aber war Wien erfüllt von Musik. Die Vorliebe der Mitglieder des Habsburgerhofes und der Adelsgesellschaft für Opern, Oratorien und Konzerte wurde von breitesten Schichten der Bevölkerung geteilt und in ihrer Sphäre weitergeführt. Daher gerieten nicht nur schöpferische Musikerpersönlichkeiten wie die Komponisten Johann Joseph Fux, Karl Ditters von Dittersdorf, Christoph Willibald Ritter von Gluck, Joseph Haydn und schließlich auch noch Wolfgang Amadeus Mozart in den Bannkreis der Residenz an der Donau, sondern diese erwies sich auch als üppiger Nährboden für volkstümliche Tanzweisen, Lieder und Theatercouplets; auch Haydn, Mozart und später sogar Beethoven und Schubert haben wiederholt ganz selbstverständlich in diesem Genre komponiert.

Dem Bedienten Johann Michael Strauß gefiel es in Wien. Während Graf Roggendorf nach zuletzt wenig ruhmvoller Laufbahn im Heer Maria Theresias nach Brünn weiterzog, wurde der etwa dreißigjährige Strauß im Donauviertel der Residenz seßhaft. Als er am 11. Februar 1762 in der Stephanskirche heiratete, wurde ins Trauungsbuch der Dompfarre eingetragen: *«Der ehrbare Johann Michael Strauss, Bedienter . . . ein getaufter Jud', ledig, zu Ofen gebürtig, des Wolf Strauss und dessen Gattin Theresia Sohn . . . cop*(uliert) mit der ehr- und tugendsamen Rosalia Bus'chinin, einer Revierjägerstochter, aus Gföhl gebürtig . . .»

Mehr als 170 Jahre hindurch wurde diese Eintragung kaum beachtet. Die Familie Strauß wußte zwar recht gut, daß sie nicht zu den Ur-Wienern gehörte, aber man glaubte eher an eine geheimnisumwitterte Großmutter aus altem spanischen Adel als an die Abstammung von einer Ofener Judenfamilie, die - wahrscheinlich erst nach der Vertreibung der Türken aus Ungarn – vom Rhein-Main-Gebiet an die Donau übersiedelt sein dürfte. Auch den Wienern, von denen etliche den tatsächlichen Sachverhalt recht gut kannten, war es nicht weiter wichtig, woher die zu ihrer «Walzerdynastie» erhobene Familie gekommen war. Erst als Österreich im Jahre 1938 Teil des «Großdeutschen Reiches» wurde, ging man den Dingen amtlich nach – und da wurde dann rasch offenbar, daß der populäre Komponist im Sinne der neuen Rassengesetze als «Mischling» galt. Wäre man konsequent gewesen, hätte man daraufhin seine Musik als «minderwertig» unterdrücken müssen, wie dies damals etwa mit den Werken Mendelssohns oder Offenbachs praktiziert wurde. Das wagte man aber nicht und erfand statt dessen eine groteske Lösung: das Trauungsbuch von St. Stephan wurde beschlagnahmt und in Berlin vom Reichssippenamt Seite für Seite fotokopiert. Das Original kam im «Haus-Hof und Staatsarchiv» unter Verschluß, die Kopie aber, die man der Dompfarre dafür übergab, wies eine Fälschung auf: die kompromittierende Eintragung war ausgelassen worden. Strauß war – arisiert . . .

Aber für die Entwicklung der Familie Strauß war wohl die Herkunft weniger entscheidend als das Milieu, das Wien ihr bot. Der Bediente und spätere Tapezierer Johann Michael hatte sich wohl nicht zufällig im Donauviertel niedergelassen. Auch er dürfte schon der Musik zugetan gewesen sein – unter den Taufpaten seiner Kinder finden sich ein Orgelmacher und ein Hofmusikus –, und so mochte ihm die Atmosphäre an den Ufern des Stromes und seiner Nebenarme besonders behagen. Denn hier spielten in den Gärten und Beiseln (Kneipen) die beliebten Linzer Geiger auf ihren einfachen Instrumenten überall und unermüdlich all die volkstümlichen Weisen auf, die sie aus ihrer Heimatstadt Linz, aus der Steiermark und aus dem Land ob der Enns mitgebracht hatten. Hier vermischten sich ihre «Landerer» (Landler) und «Tanz» mit den gemütlich gewalzten «Deutschen», die in den Tanzsälen der Stadt in Mode gekommen waren, und zuletzt ergab sich gerade im Donauviertel, in der Leopoldstadt, jene Verbindung von Landlern und Deutschen mit Melodien aus volkstümlichen Opern, aus der sich der «Wiener Walzer» herleitet. Wenzel Müller, Kapellmeister des Leopoldstädter Theaters, war einer der ersten, der in seiner Zauberposse «Kasperl als Fagottist oder Die Zauberzither» – ein Gegenstück zu Mozarts «Zauberflöte» – anno 1791 den neuen Tanz auf die Bühne gebracht und sich auch gleich über ihn lustig gemacht hat.

Das Leben des alten Johann Michael Strauß verdämmerte im Jahre 1800 im Armenhaus der Alservorstadt. Aber sein 1764 geborener Sohn Franz Borgias setzte sich gleichfalls im musiksatten Donauviertel fest. Er schlug sich zunächst als Kellner durch und machte sich endlich als Bierwirt in der Leopoldstadt selbständig. Während seiner rastlosen Wanderschaft von einem schlechtbezahlten Dienst zum nächsten heiratete Franz Strauß die Kutscherstochter Barbara Dollmann; er hatte es aber immerhin bereits zum Besitzer der kleinen Kneipe «Zum guten Hirten» in der freilich entlegenen Floßgasse gebracht, als ihm als drittes Kind am 14. März 1804 ein Knabe geboren wurde. Er ließ ihn auf den Namen Johann Baptist taufen.

Während der Bub heranwuchs, veränderten die Napoleonischen Kriege abermals die politische Struktur Europas. Wien war nun Metropole der Monarchie Österreich und behauptete ungeachtet der andauernden Wirren und Kriege überlegen ihren Rang und ihre Bedeutung. Als sich auf ihrem Boden am Ende der Kämpfe die Regenten Europas trafen, um beim «Wiener Kongreß» der Jahre 1814/15 dem Kontinent eine neue, dauerhafte Ordnung zu geben, bot die Stadt der glanzvollen Versammlung der Souveräne einen ebenso erlesenen Rahmen. So nebenbei brachte diese Fürstenversammlung, die als «tanzender Kongreß» in die Geschichte eingegangen ist, den ersten internationalen Triumph des Wiener Walzers mit sich.

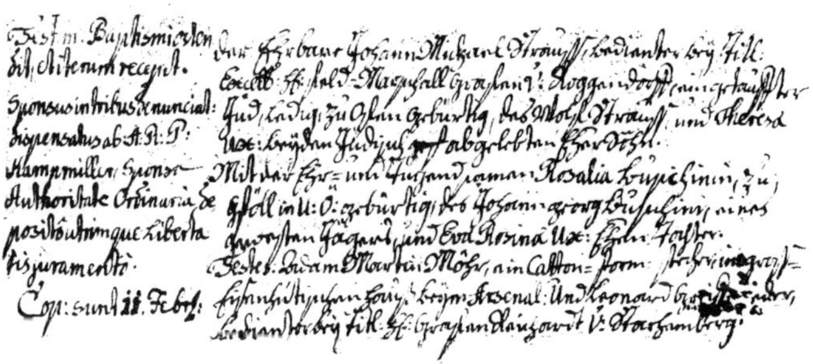

Auszug aus dem Trauungsbuch von
St. Stephan mit der Eintragung der Verehelichung
von Johann Michael Strauß

Vom Glanz des heute legendären «Wiener Kongresses» fiel kein Widerschein in das kleine Beisel des Bierwirts Strauß. Nur die Musik fand dort – wie überall im Donauviertel – ein besonders volltönendes Echo, und inmitten all der Landerer und Tanz', der Theatercouplets, Deutschen und nun auch Walzer wuchs der kleine Johann Baptist auf. Die Musik faszinierte ihn, füllte ihn aus, prägte sein Wesen und wurde ihm Bestimmung.

Als der Knabe sieben Jahre alt war, starb seine Mutter; kurz nach seinem zwölften Geburtstag verlor er auch den Vater: Franz Strauß wurde aus dem Wasser eines Seitenarms der Donau tot geborgen. Die Leute redeten von Selbstmord wegen drückender Schulden. Aber der mürrische Bierwirt, der als skurrile Erscheinung mit auf einem überaus dicken Hals sitzenden kahlen Kopf, dicken Ohrmuscheln, umfangreichem Bauch und breiten, einwärts gebogenen Füßen geschildert worden ist, hatte sich zeitlebens wenig um die stets vorhandenen Schulden gekümmert. So verstummte der Tratsch bald wieder.

Johann Baptist Strauß blieb bettelarm zurück. Sein Vormund schickte ihn ein Jahr später zum Buchbinder Lichtscheitl in die Lehre, er hielt auch durch und wurde im Jahre 1822 ordnungsgemäß freigesprochen. Trotzdem übte Johann Baptist Strauß das erlernte Gewerbe keinen Tag lang aus, er lief lieber mit den Fiedlern mit, die er von Kind auf kannte und die dafür gesorgt hatten, daß er auch als Musikant gründlich ausgebildet worden war. Wer seine ersten Lehrer waren, ist nicht verläßlich überliefert, aber sein Vormund konnte bei einer Eingabe an den Magistrat auf den «ausgebildeten Musikunterricht» seines Schützlings ausdrücklich hinweisen.

Bald war der junge Strauß im kleinen Orchester des ebenso trink- wie taktfesten Musikdirektors Michael Pamer

Johann Strauß Vater

zu finden. In kürzester Zeit begriff er, was er bei diesem seltsamen «Musenknecht» lernen konnte: Pamer bestand darauf, daß die noch während des Wiener Kongresses übliche Walzerkette – eine lange, vielteilige Folge kurzer Walzermotive samt umfangreicher, manchmal grotesk ausufernder Coda – begrenzt werden mußte, wenn der Tanz nicht in Formlosigkeit zerfließen sollte. Übrigens trug später auch der Kaiserhof das Seine zur Walzergeschichte bei, indem er dekretierte, daß bei den Hofbällen eine «Walzerparthie» acht Minuten zu dauern habe. Die Befolgung dieser Order wurde streng überwacht.

Schon vor Johann Baptist Strauß war der Geiger Joseph Lanner, Sohn eines Handschuhmachers aus der Vorstadt St. Ulrich, Mitglied der Kapelle Pamer gewesen. Als er sich selbständig machte und zusammen mit den Brüdern Karl und Johann Drahanek ein rasch berühmtes Terzett bildete, übernahm er Pamers Methode; er begann, die fünf- bis sechsteilige Walzerkette als Einheit zu gestalten und erfüllte die so entstandene Form mit der Poesie seiner empfindungsreichen Melodien. Strauß spürte die Genialität Lanners, er schloß sich dem Trio an und gewann rasch auch die Freundschaft des um drei Jahre Älteren; eine Zeitlang wohnten die beiden sogar zusammen.

Das Ensemble hatte nun erst richtig Erfolg. Es erweiterte sich zum Quintett, zum Orchester und mußte schließlich an manchen Abenden geteilt werden. In diesem Fall wirkte Strauß auch als Musikdirektor. Und wenn Lanner einmal müde war, konnte es geschehen, daß er sagte: «Strauß, schauen S', daß Ihnen was einfällt.» Also begann Johann Strauß zu komponieren. Gemeinsam und später im Wettstreit mit Lanner unternahm er es, die Walzerform zu ergänzen; vielleicht nach dem Vorbild von Carl Maria von Webers Phantasie «Aufforderung zum Tanz» verstand man sich da-

Joseph Lanner und
Johann Strauß Vater mit
ihrer Kapelle

In einem kleinen Alt-Wiener Haus
wurde Johann Strauß Sohn geboren

zu, der «Walzerparthie» eine mehr oder weniger weit ausgreifende Introduktion voranzustellen und die Teile thematisch zu verschmelzen oder aufeinander abzustimmen. Aus Tanzwalzern wurden – Kunstwerke!

Im Fasching 1825 spielte Johann Strauß mit einem Teil der Kapelle Lanner in dem etwas verschlafenen Beisel «Zum rothen Hahn» in der Vorstadt Liechtenthal, ganz in der Nähe des Geburtshauses von Franz Schubert. Dort verliebte er ich in die Wirtstochter Anna Streim, und auch er muß dem um zweieinhalb Jahre älteren Mädchen sogleich als «der Richtige» erschienen sein. Als Strauß im Frühjahr Wien verlassen wollte, um «in Graz und in den kaiserlichen Staaten Verdienst zu suchen», hielt sie ihn zurück, weil sie sich schwanger wußte. Am 11. Juli wurde geheiratet, und am 25 Oktober kam in dem kleinen Alt-Wiener Häuschen St. Ulrich Nr. 76 das erste Kind des jungen Paares zur Welt. Es war ein Sohn, und er wurde auf den Namen Johann Baptist getauft, wie sein Vater.

Da Strauß in voller Unabhängigkeit für seine Familie sorgen wollte, war die ohnedies geplante Trennung von Lanner unvermeidlich geworden; sie wurde mit einem «Trennungswalzer» (von Lanner) zelebriert, Strauß gründete seine eigene Kapelle, und alsbald klebten überall in Wien die Anschlagzettel, auf denen das Publikum in die vielen Etablissements und Gärten, Gasthäuser, Ballsäle und Beiseln eingeladen wurde, in denen die beiden Freunde – hie «Flachsköpferl» Lanner, dort «Mohrenschädel» Strauß – sich produzierten.

Beide wurden rasch berühmt, und die Eigentümlichkeit der politischen Zustände in der Donaumetropole während des «Biedermeier» trug noch dazu bei, das Interesse der Öffentlichkeit auf den Wettstreit zwischen Strauß und Lanner zu lenken: Staatskanzler Fürst Metternich wünschte, die

Völker Europas, vor allem aber die Bewohner der Haupt- und Residenzstadt, «im Ruhestand» zu erhalten; von Politik sollte nicht die Rede sein, und so wurde die Diskussion über den Wert der Walzerparthien des einen und des anderen immer aufs neue zum Tagesgespräch erhoben, ja der Staatskanzler hatte auch nichts dagegen, daß man in dieser Sphäre bewußter Übertreibung des Angenehmen, wenn auch Unwichtigen, schließlich beide Konkurrenten zu «Walzerkönigen» proklamierte . . .

Bald übernahm Strauß im Wettstreit der «Vorgeiger» Wiens die Führung. Er gab bei seinen Veranstaltungen das demütigende Absammeln im Publikum auf und führte dafür ein festes, wenn auch bescheidenes Entree ein, und er bediente sich einer intensiven und großzügigen Propaganda, um den von ihm arrangierten Festen im Volksgarten nächst der Hofburg, im Etablissement «Sperl» in der Leopoldstadt, im «Casino Dommayer» in der Vorstadt Hietzing, im Augarten oder wo immer er spielte, entsprechenden Zulauf und seinen ab 1827 im Stich erscheinenden Kompositionen vermehrten Absatz zu verschaffen. Mit herrischer Unduldsamkeit steigerte er die Leistungen seiner Kapelle, so daß sie schließlich, nach den im Jahre 1842 gegründeten «Wiener Philharmonikern», als das beste Orchester Wiens galt. Weite Gastspielreisen führten ihn an der Spitze seines Ensembles bis nach Paris und Berlin, Brüssel und London. Von der ungeheuren Energie, mit der Strauß dirigierte und seine Walzer aufspielte, ging eine Bannkraft aus, der sich selbst Persönlichkeiten wie Franz Liszt und Hector Berlioz nicht entziehen konnten und die auf das breite Publikum eine geradezu magische Wirkung hatte.

Gewiß – Joseph Lanner war der erste Poet des Wiener Walzers, aber Johann Strauß Vater wurde der Prophet seines Weltruhms.

Das Haus am Dreimarkstein

ERSTER GEDANKE

von

JOHANN STRAUSS,

componirt in seinem 6. Lebensjahre.

Der erste, von der Mutter aufgezeichnete,
Kompositionsversuch des sechsjährigen Johann Strauß Sohn

Gunstwerber

Fast zehn Jahre lang pendelte die Familie Johann Strauß ruhelos durch Wien – und in jedem Quartier kam ein Kind zur Welt. Auf den 1825 in der Rofranogasse in St. Ulrich geborenen Johann Baptist folgte 1827 im Haus «Zum goldenen Kreuz» in Mariahilf sein Bruder Josef. Das erste Mädchen, Anna, stellte sich 1829 im Haus «Zum Ritter» in der Leopoldstadt ein, ihre Schwester Therese 1831 in einem Gasthaus am Karmeliterplatz, wohin kurz zuvor ein Hochwasser der mit Treibeis bedeckten Donau die Familie aus dem Haus «Zum weißen Wolf» vertrieben hatte. Endlich fand sich im weitläufigen Haus «Zum Hirschen», wieder in der Leopoldstadt, eine geräumige und bequeme Wohnung, die Mutter Strauß bis zu ihrem Tode beibehalten sollte: Dort kam nach Ferdinand, der bald wieder starb, am 15. März 1835 Eduard zur Welt.

Nach außen hin mochten die Strauß als eine glückliche Familie gelten. Jedoch das Zusammenleben mit dem zwar erfolgreichen und populären, aber jähzornigen, oft barsch seinen Willen durchsetzenden, nervösen, meist überarbeiteten Kapellmeister dürfte von Anfang an nicht bequem gewesen sein. Bestenfalls hat es in den ersten Jahren kurze Zeiten der Harmonie gegeben, wenn Vater Strauß zur Geige griff, um seine Einfälle zu erproben, und Frau Anna, auf ihre angeborene Musikalität vertrauend, auf ihrer Mandoline dazu die passenden Akkorde improvisierte.

Die Söhne wuchsen, wie einst ihr Vater, in einer musiksatten Sphäre auf. Viele Proben der Kapelle wurden in der Wohnung abgehalten, und die Buben paßten – wie Johann Strauß später bezeugte – «genau auf jede Note und lebten sich in den Chic des Vaters ein». Da die Strauß-Kapelle nicht nur Tanzweisen und Märsche, sondern auch Opernouvertüren und Konzertpiècen auf dem Programm hatte, lernten die Buben das ganze Spektrum des Musikrepertoires intensiv kennen. Überdies sangen die beiden ältesten, Schani und Pepi gerufen, im Kirchenchor und erhielten auch Klavierunterricht. Dennoch stimmten zunächst beide Eltern darin überein, daß keines der Kinder den Musikerberuf ergreifen sollte.

Vater Strauß war sehr überrascht, als er eines Tages – nachdem er die Buben, von Bekannten auf ihr Talent hingewiesen, zu einem Probespiel kommandiert hatte – feststellen mußte, daß sie «die Sache nicht wie Dilettanten, sondern mit Passion betrieben». Aber noch war er nicht beunruhigt, und daß der kleine Schani schon mit sechs Jahren eigene «Tanz» klimperte, «davon hatte er keine Idee». Mutter Strauß freilich notierte für alle Fälle im August 1831 den «Ersten Gedanken».

Um die Mitte der dreißiger Jahre sahen die Kinder ihren Vater immer seltener. Strauß mußte nun beinahe jeden Abend zum Tanz aufspielen oder Konzerte geben, erste Reisen führten ihn nach Böhmen und nach Deutschland, damals wurde er aber auch in eine Liebesbeziehung zu der etwa neunzehnjährigen Modistin Emilie Trampusch, Tochter eines Militärarztes, verstrickt. Anna Strauß war besonders betroffen, als sie erfuhr, daß das erste Kind ihrer Rivalin nur zwei Monate nach ihrem Sohn Eduard geboren worden war. Doch sie blieb vorerst still und duldete sogar, daß ihr Mann weiter im Hirschenhaus wohnte, wenn auch in einem eigenen Appartement. Emilie brachte übrigens bis 1844 noch sechs weitere Kinder zur Welt, deren Vaterschaft Strauß bereitwillig anerkannte.

Der ohnedies frühreife Schani erlebte die Veränderung in

Eduard Strauß

der Familie als Katastrophe; er spürte das Leid seiner Mutter und schlug sich, obwohl der Vater stets sein Idol gewesen war und es als Musiker weiterhin blieb, auf ihre Seite. Schon längst war er entschlossen, ebenfalls Musikdirektor und Compositeur zu werden, nun verband er diesen Entschluß mit dem Schwur, den Vater, wenn irgend möglich, zu übertreffen.

Also begann ein seltsames Spiel, das Johann Strauß zeitlebens in allerlei Variationen fortsetzen sollte: Außenstehenden gegenüber leugnete der heranwachsende Schani seine Pläne und war bestrebt, möglichst geringschätzig von seiner Begabung und seinen Fortschritten zu sprechen. Aber um so verbissener und zielstrebiger arbeitete er an sich und erlaubte sich auch nicht den leisesten Zweifel an seiner Berufung. Natürlich mußte er sich heimlich zum Musiker ausbilden lassen. Daß er nach mittelmäßigen Leistungen einer Lappalie wegen – er soll einmal während des Rechenunterrichts laut gesungen haben – aus dem Polytechnikum flog, nahm er mit Gleichmut hin. Als ihn sein Vater daraufhin von einem Bekannten ins Bankwesen einführen lassen wollte, streikte er einfach. Dafür gab er in der Nachbarschaft Klavierunterricht und finanzierte mit dem Erlös seine Weiterbildung im Geigenspiel, das für ein Auftreten als Musikdirektor damals unerläßlich war. Sein Lehrer hielt ihn an, vor dem Spiegel zu üben, dadurch sollte er sich an elegante Haltung und schöne Bogenführung gewöhnen.

Einmal überraschte ihn dabei sein Vater; es gab eine heftige und unerquickliche Auseinandersetzung, und sie endete mit dem neuerlichen strikten Verbot, die Musikerlaufbahn zu ergreifen. Aber der Sohn ließ sich nicht beirren, und die Mutter stand nun an seiner Seite. Die Zeit drängte, es blieb keine Muße für eingehende theoretische Studien oder gar für den Besuch einer Musikschule. In Joseph Drechsler fand der

Im «Haus zum Hirschen»
wohnte Anna Strauß bis zu ihrem Tode

«Soiree im Volksgarten» mit Strauß Vater,
nach einer Lithographie von A. Zampis

junge Strauß jedoch den idealen Lehrer; keiner kannte alle Nuancen der wienerischen Musik besser als Drechsler, der mitgeholfen hatte, Ferdinand Raimunds Zaubermärchen «Der Bauer als Millionär» auf die Bühne zu bringen und Raimunds Melodie «Brüderlein fein» zur unvergleichlichen Szene vom «Abschied der Jugend» zu gestalten. Nun war der alte Mann Regenschori in der Kirche «Am Hof», und so lieferte Johann Strauß als Gesellenstück eben eine Kirchenkomposition, das Graduale «Tu, qui regis».

Mit einer Empfehlung Drechslers und einem weiteren Zeugnis von dem Violinmeister und Mitglied der k. k. Hofoper Anton Kohlmann ausgerüstet, gab der junge Strauß Ende Juli 1844 dem Wiener Magistrat bekannt, daß er den Beruf eines Musikdirektors auszuüben gedenke. Da er minderjährig war, mußte man mit dem Einspruch des Vaters rechnen. Daher beschloß die Mutter, in der Familie klare Verhältnisse zu schaffen, und brachte Anfang August gegen ihren Gatten die Klage auf Ehescheidung ein. Doch der Magistrat verzichtete ohnedies mit Stimmenmehrheit im Rat auf eine Rückfrage bei Strauß Vater und gestattete dem Sohn, «als Musikdirektor durch Leitung musikalischer Unternehmungen seinen Erwerb zu suchen». Nun organisierte Johann Strauß knapp vor seinem neunzehnten Geburtstag eine kleine Kapelle und debütierte nach kurzer, aber geschickter und wirkungsvoller Vorreklame am 15. Oktober 1844 als ‹Capellmeister und Compositeur› in Ferdinand Dommayers berühmtem Casino in der Vorstadt Hietzing.

Das öffentliche Auftreten des jungen Strauß an der Spitze eines eigenen Ensembles bedeutete natürlich für das Wiener Publikum eine Sensation. Jedermann wußte, daß sich Strauß junior mit seinem Debüt bewußt und demonstrativ gegen seinen Vater stellte und damit gegen jenen Mann, der eben zu dieser Zeit souveräner Alleinherrscher im Reich der wienerischen Musik war. Joseph Lanner war im April 1843 von einer tückischen Krankheit hinweggerafft worden, und von den zahlreichen neuen Musikdirektoren, die seitdem aufgetreten waren, hatte keiner ihn auch nur annähernd ersetzen können.

Nun betrat also der junge Strauß, dessen Platz nach allgemeiner Meinung, allen nunmehr offenbar gewordenen Spannungen in der Familie zum Trotz, in der Kapelle seines Vaters gewesen wäre, als *Konkurrent* des «Walzerkönigs» die Szene. Das erregte die Gemüter und führte dazu, daß Dommayers elegantes, aber für einen Massenbesuch keineswegs geeignetes Casino schon am Nachmittag des 15. Oktober 1844 völlig überfüllt war. Man raunte sich zu, was alles der «alte Strauß» – da war es schon, das böse Wort, das den erst 40jährigen Vater sogleich erschütterte! – aufgeboten habe, um das Debüt seines Sohnes zu vereiteln. Die Spannung stieg auf das höchste, als der schmächtige junge Mann, den kaum einer der Anwesenden jemals vorher gesehen hatte, wachsbleich, aber entschlossen und voller Energie im Saal erschien und mit seinem Geigenbogen den fünfzehn Mann seiner bisher gleichfalls unbekannten Kapelle das Zeichen zum Einsatz gab. Nach der exakten Ausführung der Ouvertüre zu Aubers Oper «Die Stumme von Portici» und eines Konzertstücks spielte Strauß Sohn zunächst seine Walzerpartie «Gunstwerber». Er bekam freundlichen Beifall und mußte sie wiederholen. Dann trug er als Verbeugung vor seinem Vater dessen Meisterwalzer «Loreley-Rheinklänge» aus dem Jahre 1843 vor. Der Beifall steigerte sich, die Geste wurde honoriert. Nach einer Ouvertüre seines Freundes Franz von Suppé, «Sommernachtstraum», flocht Strauß eine eigene Polka, «Herzenslust», und seine «Debut-Quadrille» ins Programm ein. Schließlich präsentierte er in wohlüberlegter Ökonomie seinen ersten Schlager, die «Sinngedichte».

Der junge Johann Strauß

«Tanzszene beim Sperl»
Aquarell von J. Wohlmuth, 1876

Die Walzerpartie, sein opus 1, wurde mit Enthusiasmus aufgenommen und entschied endgültig den Erfolg. Der Schriftsteller Dr. Franz Wiest referierte darüber:

«. . . er wird mit einem Beifallsorkan empfangen. Aber Strauß-Sohn scheint sehr fest zu stehen, der Orkan wirft ihn nicht um; im Gegenteil, er erhebt ihn nur. Jetzt schwingt er den Bogen, jetzt setzt er ihn an die Violine, jetzt: ein, zwei, drei Risse, jetzt durchzuckt es uns vom Scheitel bis in die kleine Zehe, jetzt hallt ein Ruf durch die Säle hin – ja, das ist Strauß-Sohn, der würdige Sohn seines Vaters! Triumph mein Wien, das jetzt einen Strauß-Vater und einen Strauß-Sohn hat . . .»

Soweit waren wohl alle Wiener mit dem Feuilleton einverstanden, aber weil Dr. Wiest endete: *«Gute Nacht, Lanner! Guten Abend, Strauß-Vater, Guten Morgen, Strauß-Sohn!»*, brach ein Sturm der Entrüstung los. Man wollte es einfach nicht dulden, daß jemand dem «Walzerkönig» bereits «Guten Abend!» wünschte. «Strauß ist noch jung im Gefühl, er wird noch lange seine musikalische Armee befehligen!»

Natürlich genoß der junge Strauß den Triumph seines Debüts – und vergaß, den Anteil «Sensation» von seinem Erfolg abzuziehen. Ein paar Wochen reichte man ihn noch in den Etablissements und sogar auf dem Theater als neuen Star herum, dann aber trat der Alltag in seine Rechte. Schon im Fasching 1845 sah sich Strauß Sohn auf seine wirkliche Bedeutung für das Wiener Leben reduziert: bei allen repräsentativen Bällen und natürlich auch bei Hof spielte sein Vater auf; ihm selbst blieben mit dem Casino Dommayer und den Sträußl-Sälen im Gebäude des Theaters in der Josefstadt nur zwei kleine Etablissements.

Daran änderte sich auch in den folgenden Jahren wenig. Der Versuch, im «Sperl» Fuß zu fassen, wo sein Vater dereinst berühmt geworden war, schlug ebenso fehl wie ein

Ausflug in den Bereich der symphonischen Musik. Als Strauß Sohn zwei Sängerinnen und einen Pianisten im Saal der Gesellschaft der Musikfreunde mit seinem Orchester begleitete, wurde er verspottet: «Strauß-Sohn den Taktstock schwingend mit einer Emphase à la Spontini und dazu mit dem Fusse taktierend, als wenn es zur Polka ginge – schon dieser Anblick war das Entrée von drei Gulden wert!» Als der junge Compositeur dem Wiener Männergesangverein den Walzer «Sängerfahrten» widmete – es war übrigens sein erster Konzertwalzer, und er hielt sich lange im Repertoire der Kapelle! –, wurde die Widmung einfach ignoriert.

Der Sohn ließ sich dazu hinreißen, seinen Vater in den Journalen zu attackieren; parallel dazu griff seine Mutter ihren Mann im Verlauf des Scheidungsverfahrens gnadenlos an. So ließ sie etwa seine Uniform als Kapellmeister des Bürgerregiments unter Verschluß nehmen und seine Einkünfte bei Hof pfänden. Die öffentliche Meinung stand jedoch auf der Seite des Vaters, und am Kaiserhof fand man sich sogar bewogen, den «alten Strauß» durch die Verleihung des eigens für ihn geschaffenen Titels eines «Hofball-Musikdirektors» auszuzeichnen. Die Angriffe des Sohnes wehrte er mit Hilfe ihm ergebener (und entsprechend honorierter) Journalisten souverän ab und enterbte schließlich seine «rechtmäßige Familie».

Mehr Erfolg als in Wien, wo er gewissermaßen zum Kapellmeister der Minderheiten in der Gesellschaft wurde – etwa der jugendlichen Bohème, der Slawen und der Serben –, hatte Strauß Sohn auf seinen ersten Reisen, die ihn nach Graz, Ungarisch-Altenburg, Pest-Ofen und schließlich durch Siebenbürgen und die Walachei nach Bukarest führten. Als im Revolutionsjahr 1848 die Wogen in Wien hoch gingen, schloß er sich eng an die Jugend an; während sein Vater nach einigem Schwanken und mancherlei Konzessio-

1. Anna Strauß, geborene Streim,
die Mutter von Johann Strauß Sohn

2. Ball im Wiener Sophienbadsaal
(kolorierter Holzstich nach einer Zeichnung
von Franz Kollarz, um 1855)

nen an den Zeitgeist wieder zum Bekenntnis zur Ordnung in der Monarchie zurückkehrte und dieses mit seinem feurigen «Radetzkymarsch» bekräftigte, schrieb der Sohn einen «Revolutionsmarsch» und eine Walzerpartie «Barrikadenlieder», er machte sich mit einer Polka über die Vertreibung des Ligourianer-Ordens lustig und spielte «auf Verlangen» die Marseillaise. Derlei nahm man ihm natürlich später übel, und so sah er sich im Jahre 1849 völlig an den Rand des Wiener Musiklebens abgedrängt.

Da starb im September – eben erst von einer Gastspielreise aus England zurückgekehrt – völlig überraschend der Vater. Ein Leben, begonnen in bedrückender Armut, endete mit europaweitem Ruhm und mit der Unsterblichkeit einiger Walzer und des Radetzkymarsches.

Für den Sohn war die Welt mit einem Schlage völlig verändert.

Im Revolutionsjahr 1848 komponierte Strauß
einen «Revolutions-Marsch» und «Barrikadenlieder»

Frohsinns-Spenden

Am 27. September 1849 wurde Johann Strauß Vater zu Grabe getragen. Hunderttausend Wiener standen Spalier, als man den Toten nach der Einsegnung im Stephansdom nach Döbling überführte, um ihn dort an der Seite Joseph Lanners zu bestatten. Drei Musikkapellen spielten auf, und beim feierlichen Requiem in der Kirche Am Hof sangen die berühmtesten Künstler der k. k. Hofoper.

Der Aufwand war berechtigt. Wien trauerte aufrichtig, und als sich aus Paris die Stimme Hector Berlioz' mit einem Lob «des Compositeurs, der durch und durch, in jeder Beziehung *Künstler* gewesen ist», vernehmen ließ, wußte man sich mit dem Franzosen eines Sinnes: «Wien hat eine seiner schönsten Zierden verloren!»

Mehr noch, die meisten Wiener hatten das Gefühl, mit dem Tod von Johann Strauß Vater sei eine Ära zu Ende gegangen. «Alle harmlos-freud'ge Lust», schrieb der Dichter Bauernfeld in seinem Nachruf, «was da singt und klingt und springt, heute fördern wir's zur Ruh', heut' wird das alte Wien begraben.» Die Zeit der Walzer schien unwiderruflich vorüber zu sein. Gemeinsam mit Lanner hatte Strauß Vater mit einer ganzen Palette unterschiedlicher Tanz-Charaktere, wie den eleganten Salonstücken «Des Verfassers beste Laune» oder «Das Leben ein Tanz», den poetischen «Donauliedern» und «Sommernachtsträumen», mit den von der Introduktion bis zur Coda glänzend durchgestalteten «Loreley-Rheinklängen», den gemütlichen «Feldbleamln» (im Ländlerstil) und zuletzt mit den gar nicht mehr biedermeierlichen «Sorgenbrechern» anscheinend alle Möglichkeiten ausgeschöpft, die diese Tanzform den Komponisten bot. Sogar der Weg zum «Konzertwalzer» war – zum Beispiel mit der nach einem Bühnenwerk von Johann Nestroy benannten Komposition «Die Unbedeutenden» – schon beschritten worden. Was blieb da noch übrig? Mußten nicht alle Nachfolger zwangsläufig Epigonen werden?

Die vom jungen Strauß bisher vorgelegten Arbeiten bewiesen gewiß Talent; bei den «Sinngedichten» hatte man aufgehorcht, die «Jugendträume» und später die «Klänge aus der Walachei» hatten den Beifall der Kenner gefunden, nach den flotten Weisen des «Zeitgeister»- und des «Sanguiniker»-Walzers konnte man gut tanzen. Der Versuch, eine Ouvertüre etwa im Stil Franz von Suppés zu komponieren, war zwar deutlich gescheitert, doch eine mit drastischen äußerlichen Effekten auftrumpfende Phantasie «Pompa di Festa» und etliche amüsante Polkatänze verbesserten die Bilanz. Alles in allem aber hatte der wortgewandte junge Rezensent Eduard Hanslick wohl recht, wenn er die frühen Arbeiten von Strauß Sohn als «ziemlich erfindungsschwach, suchend, künstelnd» bewertete.

Johann Strauß wußte nur allzu gut, wie tief er in den Schatten seines Vaters gedrückt worden war. Er hatte sich mit aller seiner angeborenen Unbekümmertheit zu behaupten versucht – aber indem er dem Druck durch ein sehr freizügiges Ausleben seines vitalen Temperaments zu entgehen trachtete, geriet er erst recht in Verruf; noch etliche Jahre später hieß es bei der Polizeibehörde: «Er war, seitdem er Musikdirektor geworden, ein leichtsinniger, unsittlicher und verschwenderischer Mensch.»

Die Lage schien ringsum hoffnungslos: im Kreis um Franz Joseph, der, blutjung, im Dezember 1848 zum Kaiser gekrönt worden war, trug man Strauß nach, daß er während der «revolutionären Ereignisse» der bevorzugte Musikdirektor der akademischen Legion gewesen war, die Wiener nahmen ihm seine polemischen Angriffe auf den Vater übel und zu alledem wurde er auch noch wegen seiner Schulden vor Gericht zitiert.

Aber der Sohn nahm den Kampf um sein Erbe mit unerschütterlicher Entschlossenheit auf. Zunächst appellierte er mit einem riesigen Inserat in der «Wiener Zeitung» an die Öffentlichkeit. Er schob darin die Schuld an den zerrütteten Familienverhältnissen rücksichtslos allein dem Vater zu und beteuerte, nicht die Sucht, «seine Schwäche mit der bewährten Stärke des Vaters» zu messen, sondern Ehrgefühl und Pflicht, für die Mutter und die Geschwister zu sorgen, hätten ihm den Weg «zu jener Kunst gewiesen, deren schwacher Jünger zu werden er Beruf und Neigung gehabt habe». Er gab zu, bei seinem Verhalten «Jugendfehler» begangen zu haben, reklamierte aber zuletzt mit pathetischen Worten unmißverständlich die Position seines Vaters im Wiener Leben für sich: *«Ich bin gewiß, daß der Selige ... mir gerne zum schönsten Erbteil Wiens Liebe hinterlassen hätte. Mich umschwebe der segnende Geist meines teuren Vaters, er führe mich der heiteren Muse zu, die jetzt an seinem Grabe weint, und lasse mich einst des Vaters würdig erweisen.»*

Der geschickte Appell machte Eindruck: das Publikum akzeptierte trotz mancher Vorbehalte den jungen Strauß als «Sohn seines Vaters». Auch das berühmte Orchester des Verstorbenen wählte ihn nach kurzer Diskussion zu seinem Dirigenten, und fast alle führenden Etablissements der Metropole, vom k. k. Volksgarten bis zum «Sperl», erneuerten mit ihm die alten Verträge. Nur um die Erlaubnis, «die Musik am Kaiserhof ausführen zu dürfen», suchte Strauß vergeblich an; Erzherzog Franz Carl und seine Gemahlin Sophie, die Eltern des Kaisers, entschieden sich für Philipp Fahrbach, der seine Laufbahn dereinst im Orchester des alten Strauß begonnen und sich mehrere Jahre lang als Kapellmeister im Regiment «Hoch- und Deutschmeister» bewährt hatte.

In den folgenden drei Jahren rechtfertigte Johann Strauß seinen Anspruch auf den Platz des Vaters in überzeugender Weise: mit einer einzigen, großen Anstrengung gewann er das Publikum für sich und entfaltete zugleich den ganzen Reichtum seiner genialen Begabung. Mit der nur scheinbar beiläufigen Skizze seiner «Scherz-Polka» löste er sich im Herbst 1849 aus dem lastenden Schatten des Verstorbenen, mit beschwingten «Frohsinns-Spenden» empfing er die Tänzer zu Beginn des düsteren Faschings 1859, während Wien noch unter dem Belagerungszustand litt, als neuer Karnevalsregent. Auch die Verneigung vor dem Kaiserhof ließ nicht auf sich warten: schon die «Nikolai-Quadrille» nach russischen Themen und der «Ottinger Reitermarsch» – beide Kompositionen standen mit der Niederwerfung der «Rebellen» in Ungarn in Verbindung – signalisierten den totalen Gesinnungswandel des Musikdirektors. Er wurde durch einen «Kaiser-Franz-Josephs-Marsch» noch unterstrichen, und bald sollte ein weiterer Marsch mit dem Motto des Kaisers «Viribus unitis» folgen. Um sich nachdrücklich als Kapellmeister und Compositeur *aller* Schichten der Wiener Bevölkerung auszuweisen, entfaltete Strauß Sohn nunmehr seinerseits den ganzen breiten Fächer der verschiedenen Walzercharaktere; er schrieb farbenreiche «Lavaströme» für ein modernes Dekorationsfest im Sofiensaal, anspruchsvolle «Luisen-Sympathieklänge» für die Soireen im Volksgarten und gemütliche «Johannis-Käferln»- und «Heimaths-Kinder»-Walzer für die Vorstadt. Mit diesen Tänzen gewann Strauß auch den Wettstreit mit einer böhmischen Schützenkapelle und einer ungarischen Militärmusik im «Sperl».

Als Balldirigent in den Adelspalästen und mit einer Serenade im Landhaus Maxing des Erzherzogs Maximilian er-

Die Strauß-Konkurrenten Philipp Fahrbach
und Carl Michael Ziehrer

spielte sich Johann Strauß erste Anhänger und Freunde bei Hof. Dann wagte er einen besonders kühnen Schachzug. Als er im Herbst 1850 erfuhr, Kaiser Franz Joseph werde anläßlich einer Feier in Warschau mit dem Zaren zusammentreffen, verschaffte er sich eine Einladung in die unter russischer Herrschaft stehende Hauptstadt Polens und erschien plötzlich vor den Festgästen. Strauß hat von diesem Abenteuer später gern und oft erzählt und es dabei immer reicher ausgeschmückt: er sei verhaftet worden, sein Orchester habe man in einen Schweinestall gesperrt, und erst ein Billett der Zarin habe ihn befreit. Aber der Clou des Unternehmens – an das die aparte «Warschauer Polka» erinnert – war denn doch, daß der am Wiener Hof noch verfemte Johann Strauß seinem Kaiser zum erstenmal als Kapellmeister des Zaren aufgespielt hat!

Damit war der Bann gebrochen: Bereits im Karneval 1851 betraute Erzherzog Franz Carl den Musikdirektor Strauß mit der Leitung des unter seiner Schirmherrschaft stehenden «Blindenballs» im Redoutensaal, und im Fasching 1852 hatte Strauß Sohn auch sein letztes Ziel erreicht, er spielte – vorerst noch abwechselnd mit Fahrbach – bei Hof wie sein Vater. Und als hätten ihn all die Erfolge beflügelt, schrieb Strauß in diesen Monaten seine ersten Meisterwerke, die Walzer «Idyllen» (1851) und «Liebeslieder» (Juni 1852) und die sogleich weit über die Grenzen Österreichs hinaus populäre «Annen-Polka» (Juli 1852). Nun billigte ihm Eduard Hanslick immerhin bereits zu: «Strauß' Sohn trägt jetzt *rühmlich* den nicht leichten Schmuck seines Namens.»

Strauß als Musikdirektor
an der Spitze der Kapelle seines Vaters
im Volksgarten

Johann Strauß und sein Orchester
beim Hofball in Wien

Accelerationen

Mit den fortschreitenden fünfziger Jahren kam das «Wiener Leben» mit allen seinen Feiern und Festen immer mehr in Schwung. Es wirkte wie ein Symbol, daß der junge Kaiser die Demolierung der historischen Basteien befahl und das großzügige Projekt der neuen Ringstraße um die Innenstadt entwerfen ließ. Wien war nun wohl nicht mehr Metropole eines Weltreiches wie zu Zeiten Maria Theresias, aber immerhin Haupt- und Residenzstadt einer Vielvölkermonarchie und sollte nach dem Willen mancher Kreise am Kaiserhof durch die Förderung der Zuwanderung aus möglichst allen Kronländern der Vision einer weithin ausstrahlenden multinationalen Zentrale im Herzen Europas nahekommen. Damit war ein Ziel gewiesen, das zwar nicht allen gleichermaßen zusagte, aber jedenfalls die Phantasie beflügelte.

Man begann auch zu erkennen, daß die Epoche der wienerischen Musik, der Walzer, noch lange nicht vorüber war, vielmehr sich in veränderten Dimensionen erneuerte. Zwar gab es selbst 1860 noch vereinzelte Stimmen, die Johann Strauß als «Walzer-Epigonen» und als «bläßlichen Sohn eines unvergessenen Heros» bezeichneten, aber Eduard Hanslick etwa war längst schon der Meinung: «Jenen mißlaunigen Altertümlern, deren Einseitigkeit so weit geht, selbst die Tanzmusik unserer Zeit tief gesunken zu sehen, sollte man mit beschämender Großmut des jüngeren Strauß ‹Liebeslieder› zum Ständchen bringen.»

Doch die Anstrengung war mittlerweile fast zu groß geworden. Strauß' freilich auch durch den allzu freizügigen Lebenswandel geschwächte Gesundheit war den Strapazen des Vorgeigens in den überhitzten Ballsälen und bei Soireen und Serenaden an kühlen Sommerabenden auf die Dauer nicht gewachsen. Schon nach dem Fasching 1851 wurde er zum erstenmal totgesagt, als ihn ein Nervenfieber jäh aufs Krankenlager zwang. Im folgenden August mußte er wegen Erschöpfung pausieren, im Spätherbst 1852 brach er schließlich, unmittelbar nach einer kurzen Konzertreise nach Berlin und Hamburg, völlig zusammen.

Mutter Anna erschrak: auch ihr Mann hatte ja die Strapazen des Kapellmeisterberufes nicht durchgehalten. Um Sohn Johann, ihren Liebling, zu entlasten, sah sie nur einen Ausweg, auch Sohn Josef mußte an die Spitze der Kapelle treten. Aber Pepi weigerte sich zunächst, er hatte sich auch seinem Vater widersetzt, als dieser ihn für die Soldatenlaufbahn bestimmt hatte. «Ich will nicht Menschen töten lernen» schrieb er, «ich will den Menschen nützen als Mensch und dem Staat als Bürger.» Getreu dieser Deviese ließ sich Josef Strauß zum Zeichner, Techniker und Baumeister ausbilden und machte sich nebenbei durch das Herstellen von Lehrbehelfen und durch die Erfindung einer Straßenkehrmaschine nützlich.

Natürlich war auch er musikalisch – aber Tanzmusik interessierte ihn kaum und das für einen Musikdirektor unerläßliche Geigenspielen hatte er überhaupt nicht erlernt. Zudem litt er seit frühester Jugend an einem Rückenmark- und Gehirnleiden, immer wieder traten quälende Kopfschmerzen, manchmal sogar plötzliche Ohnmachten auf. Die Ärzte rieten also zu viel Bewegung in frischer Luft, zu Ruhe und Gelassenheit. Trotzdem beschloß die Familie, Pepi habe an die Seite seines Bruders zu treten – und schließlich fügte er sich gehorsam!

Am 23. Juli 1853 schrieb Josef Strauß an seine Braut: *«Mein liebes Linchen – das Unvermeidliche ist geschehen.*

Josef Strauß

Ich spiele zum ersten Male beym ‹Sperl›. Ich bedaure vom ganzen Herzen, daß dies so plötzlich geschieht . . .»

Er dirigierte die Soiree mit dem Taktstock, kam sich dabei höchst lächerlich vor und wirkte auch nicht gerade souverän, aber er behauptete sich. Am nächsten Tag musizierte er mit dem Bruder gemeinsam draußen in der Vorstadt, verging neben dem eleganten «Schani» beinahe wegen seiner Unbeholfenheit, hielt aber neuerlich durch. An der Spitze der Kapelle mußte nun einmal ein Strauß stehen, damit das Geschäft nicht zurückging.

Getrost fuhr Johann Strauß nach Gastein und weiter nach Bad Neuhaus auf Urlaub. Da er jedoch vergaß, zum Hernalser Kirchtag den üblichen Widmungswalzer einzusenden, mußte Pepi auch als Komponist einspringen. Er betitelte seine Walzerpartie «Die Ersten und Letzten»; noch fühlte er sich lediglich als Interimskapellmeister.

Aber es gab für ihn keine Rückkehr zur Architektur. Er wurde gebraucht, und so stand er eben zur Verfügung. Mit der ihm eigenen Gründlichkeit nahm er Unterricht in Generalbaß, Komposition und im «Vorgeigen», und obwohl er niemals versuchte, seinen bewunderten Bruder Johann zu übertrumpfen, wurde auch er – im Grunde wider Willen – berühmt!

Gemeinsam modernisierten und erweiterten die beiden Brüder Strauß das Repertoire ihrer Kapelle: Johann Strauß führte Musik aus Richard Wagners «Tannhäuser» und «Lohengrin» zum erstenmal in Wien auf, Josef brachte Fragmente aus «Tristan» und Tondichtungen von Franz Liszt. Auch um die Weiterentwicklung des Walzers bemühten sich die Brüder gemeinsam: Johann ließ etwa in die «Schallwellen» Wagnerklänge einfließen, Josef schrieb mit den «Perlen der Liebe» und der leider verschollenen Komposition «Ideale» weitausgreifende Konzertwalzer. Beide wurden von den

Ein sozialer Querschnitt durch den Wiener Fasching.
Lithographie von J. Albrecht, 1850

Josef Strauß als Musikdirektor
im Jahre 1868

Zeitgenossen kaum verstanden. Hanslick zum Beispiel schrieb, als er die «Schallwellen» hörte, empört von «Walzer-Requiems»; die Arbeiten von Josef Strauß, einschließlich des wertvollen Chorwerks «An die Nacht», schwieg er überhaupt tot.

Wurden neue Tänze in Wien populär, so gehörten die Brüder Strauß stets zu den ersten, die ihr kompositorisches Können daran erprobten. Polka française, Schnellpolka, Mazur und Polka Mazur verlockten zur Niederschrift solcher «Pièccen», die den Tänzern in die Beine fuhren, die aber auch dem anspruchsvolleren Publikum der Conversationen und Soireen gefielen. Gemeinsam brachte man das «Wiener Blut» in Wallung; im Jahre 1854 lockte die Hochzeit des Kaisers mit Elisabeth, «Prinzessin in Bayern», die Adelsgesellschaft der Monarchie nach Wien, dann wieder versammelten sich am Rande des «Krimkrieges» – in den Frankreich, England, die Türkei und Rußland verstrickt waren, während Österreich neutral blieb – die führenden Diplomaten und Staatsmänner Europas an der Donau. Man nannte Johann Strauß einen «Strandläufer» der Weltpolitik und «Wiener Chronisten», weil er den Russen den «Schneeglöckchenwalzer», dem Kaiser der Franzosen einen «Napoleons-Marsch», allen Verbündeten zusammen einen «Alliance-Marsch» und seinem Kaiserpaar eine Hochzeits-Walzerpartie «Myrthenkränze» widmete.

Es war vor allem Johann, der in immer neuen «Accelerationen» dem Wiener Leben neue musikalische Impulse gab, und nun ließ es sich auch nicht mehr bestreiten, daß von ihm die gleiche Faszinationskraft ausging wie dereinst von seinem Vater. *«Er ist überall und nirgends im Fasching»*, schrieb die Theaterzeitung, *«wie fliegen in stürmischer Hast und feuriger Lust die Paare dahin, wenn Strauß, die Geige ans tänzelnde Knie gestemmt, am Dirigentenpulte steht und gar, wenn er selbst zu spielen beginnt, die Geige hoch, weit über die wagrechte Linie erhoben, den Körper in ewigen Biegungen windend, den Bogen in raschen Strichen über die Saiten führend: das zündet die Herzen, elektrisiert die Beine. Wie schläfrig, schlapp taumeln die Paare durcheinander, wenn Strauß die Geige weglegt und in den Fiaker stürzt, um in einem anderen Lokale – es ebenso zu machen.»*

Im Sommer 1854 begann übrigens für den eleganten Johann Strauß, den man nun nicht mehr wienerisch «Schani», sondern im Ton der großen Welt «Jean» zu rufen begann, ein neues Abenteuer: Als er in Gastein eine Badekur absolvierte, meldeten sich bei ihm Mitglieder einer russischen Eisenbahndirektion, die eine Ausfluglinie von der Metropole St. Petersburg nach den etwa dreißig Kilometer entfernten Vororten Zarskoje Sselo (heute Puschkin) und Pawlowsk betrieb. Der prächtig ausgestaltete Kopfbahnhof befand sich inmitten eines riesigen Parks, an der Strecke lagen Schlösser des Zaren und des Großfürsten Konstantin. Um den Betrieb auf dieser Linie rentabel zu machen, veranstaltete die Bahndirektion in den Festsälen und im Garten der «Pawlowsk Vauxhall» den Sommer über Konzerte, Feste und Bälle. Je stärker die Anziehungskraft dieser Veranstaltungen, desto profitabler wurde das Unternehmen. Die Direktion war also durchaus bereit, ein gutes Orchester zu engagieren und den Kapellmeister großzügig zu honorieren.

Es war eine Aufgabe, wie für Johann Strauß geschaffen! An seinen Fähigkeiten, ein zahlreiches Publikum nach Pawlowsk zu locken, zweifelte er keinen Augenblick. Es beflügelte seine Phantasie, daß er nun wenigstens jeweils den Sommer über dem «elenden Konzertgeschäft der Walzergeigerei in Wien» entrinnen konnte, wo er selbst am Kaiserhof für die Leitung eines Hofballes mit neun Gulden abgespeist wurde, wo der Verleger Carl Haslinger nur 150 Gulden für

Strauß-Legenden von anno dazumal:
der «Walzerkönig» beim Begräbnis einer Bürgersfrau
(nach einer Schilderung Eduard Hanslicks)

eine Walzerpartie, 90 Gulden für eine Polka und 30 Gulden für einen Marsch bezahlte und dafür das volle Eigentumsrecht erwarb. In Pawlowsk sollte Strauß auch wirklich zum erstenmal in seinem Leben zu etwas Vermögen gelangen, freilich erst, als ihm seine Tante Josefine Waber die Wirtschaft führte.

Am 18. Mai eröffnete Johann Strauß mit der Ouvertüre «Der Teufel ist los» seine erste Saison unter russischem Himmel und eroberte mit seinen Walzern und Polkatänzen sogleich das Publikum. In kürzester Zeit war der galante und elegante «Jean mit dem Rattenfängerblick» der umschwärmte Liebling der Russen, vor allem natürlich der Damen. Auch dic Mitglieder des Zarenhofes erschienen in seinen Konzerten und man übertrug ihm die Leitung der Hofbälle und Sommerfeste. Mehr noch: Zar Alexander II. lud ihn zu den bevorstehenden Krönungsfeierlichkeiten nach Moskau ein.

Strauß ließ sich gern verwöhnen und genoß nicht zuletzt den Unterschied zwischen der Haltung des Zarenhofes und der des Wiener Obersthofmeisteramtes, das soeben wieder einmal seine «alleruntertänigst» vorgebrachte Bitte, ihm den Titel «Hofball-Musikdirektor» allergnädigst zu verleihen, abgewiesen hatte . . .

Bald war Jean auch in Pawlowsk in Liebesbande verstrickt. Es gab heimliche Rendezvous im herrlichen, riesigen Park des Schlosses, zärtliche Billetts in «Bonbons» (Verstekken) und zuletzt schmachtende Briefe an die Geliebte, ein Mädchen aus der Hofgesellschaft namens Olga Smirnitzky; schließlich kam es sogar zu einer regelrechten Werbung bei den Eltern, die freilich abgewiesen wurde. Doch obwohl Jean schwor, seinen «Kobold Olga» niemals zu vergessen, verflog die Leidenschaft rasch, und als Johann Strauß wenig später in Wien die Lebensgefährtin des Bankiers Todesco

Jetty Treffz im Jahre 1844

wieder traf, entschloß er sich sofort und unwiderruflich zu der Verbindung mit der zwar um sieben Jahre älteren, aber ungemein anmutigen und lebensklugen Frau.

Mit strategischem Geschick traf er dafür alle Vorbereitungen: Im April 1862 ließ er auch Eduard Strauß, den er vorher schon als Harfenspieler und Balldirigenten dem Publikum vorgestellt hatte, als Musikdirektor debütieren. Im Juli nahm er eine möglicherweise nur fingierte Krankheit zum Anlaß, Pawlowsk zu verlassen, der eiligst telegrafisch herbeizitierte Pepi führte die Saison – übrigens mit bestem Erfolg – zu Ende. Jean täuschte alle, wahrscheinlich sogar die stets nachsichtige Mutter, und heiratete am 27. August 1862 in aller Stille im Stephansdom.

Seinem Verleger Carl Haslinger schickte er ein Brieflein, das so richtig zeigt, welchen Spaß er an der Sache hatte: *«Lieber Freund Haslinger, schändlich betrogene Buchdrukkerseele! Willst Du morgen um 7 Uhr morgens bei mir erscheinen, um mein Beistand bei der eine Stunde darauf erfolgenden Vermählung [zu] sein? Antworte gleich, angeschmierter Notentandler. Jean.»*

Wien war verblüfft. Aber auch Josef schrieb konsterniert: *«Jean hat also doch geheiratet. Wißt ihr alle davon??!»*, und später meinte er: *«Jeans Leichtsinn wird sich furchtbar rächen. Was ist Jean jetzt – ein armer Künstler, der sich noch plagen muß, um sich und sein Weib standesgemäß zu erhalten.»* Aber das traf keineswegs zu; Henriette Chalupetzky, die am 1. Juli 1818 in Wien geborene Braut, galt als ausgezeichnete Partie. Die Familie ihres Vaters, ein Goldschmied, war aus Prag, ihre Mutter aus Württemberg; ihre Großmutter hat sich ein Plätzchen in der Literaturgeschichte erobert: Als sie noch Margarethe Schwan hieß, war sie von Friedrich Schiller glühend verehrt worden.

Henriette Chalupetzky hatte stets ein unkonventionelles

Leben geführt. Sie hatte unter dem Künstlernamen Jetty Treffz in der Hofoper debütiert und war etwa gleichzeitig mit dem jungen Strauß in Wien bekannt geworden, als sie 1844/45 am Theater in der Josefstadt und am Theater an der Wien als Primadonna auftrat. Später hatte sie als Liedsängerin in Deutschland und Frankreich sowie in England große Erfolge errungen und ein eigenes Vermögen erworben.

Sie gehörte zu den damals nicht gerade zahlreichen Frauen, die nicht daran dachten einen Mann zu heiraten, weil sie ein Kind von ihm bekamen. In den Jahren 1841 bis 1852 brachte Jetty Treffz drei Töchter und vier Söhne zur Welt: Die Mädchen wurden von dem berühmten Baumeister Peter Cavaliere di Galvagni und von dem Bankier Moritz Todesco, mit dem sie ab 1843 zusammenlebte, adoptiert, die Buben trugen den Namen Chalupetzky.

Als Johann Strauß um Jetty warb, löste diese alle Bindungen, auch jene zu ihren Kindern, obwohl das Jüngste kaum zehn Jahre alt war. Nun – sie tauschte im Grunde am Hochzeitstag ihre Kinder gegen ein großes Kind ein . . .

Jetty war für Jean fortan alles: Geliebte und Sekretärin, Muse und Krankenpflegerin, Beraterin auf dem Weg zu neuen Dimensionen seiner Kunst und Kopistin seiner Kompositionen und Arrangements. An Jettys Seite konnte sich Jean auf sich selbst konzentrieren: sie richtete ihm die Wohnungen ein, in denen er seinen sehr ausgeprägten Eigenheiten gemäß arbeiten konnte, sie bahnte ihm den Weg in die Wiener Gesellschaft, begleitete ihn als «guter Geist» auf seinen Konzertreisen und war sein Trost in den Stunden der Verzweiflung, wie sie auch einem leichtblütigen Künstler nicht erspart bleiben.

Man schreibt Jetty das Wort zu: «Ohne mich wäre Jean nur ein Eduard Strauß mit Genie geworden.» Sie hat es vermutlich nicht gesagt. Aber es stimmt!

Jean und Jetty Strauß im Jahre 1867

Künstlerleben

Jetty Strauß begann ihre Ehejahre als Pflegerin. Schon die Hochzeitsreise nach Venedig mußte mit einer strengen Badekur verbunden werden, außerdem untersagten die Ärzte Johann Strauß zu Beginn des Jahres 1863 jede geistige Anstrengung auf längere Zeit. Josef Strauß, der übrigens mit Meisterwerken wie den Walzerpartien «Wiener Kinder» und «Flattergeist» und der «Moulinetpolka» den Vorsprung seines Bruders mittlerweile aufgeholt hatte, mußte wieder als Komponist einspringen. Im Sommer 1863 fuhr Jetty selbstverständlich mit nach Pawlowsk, und der früher von Rendezvous zu Rendezvous tändelnde Jean kutschierte jetzt seine Frau in einem Ponywagen durch den sonnendurchfluteten Schloßpark. Im Herbst trat zwar in Jeans Gesundheitszustand eine leichte Besserung ein, im Frühjahr 1865 mußte jedoch – da nun auch Josef den Strapazen nicht mehr völlig gewachsen war – Eduard Strauß den ersten Teil der Saison in Pawlowsk übernehmen. Die folgenden drei Sommer hindurch konzertierte der Hamburger Musikdirektor Fürstnow an der Newa.

In Wien zog Jetty Strauß nicht zur Familie ins Hirschenhaus, sondern richtete sogleich eine eigene Wohnung in der Weihburggasse ein; bald darauf übersiedelte das Paar in ein ruhigeres Quartier in der Praterstraße (Leopoldstadt) und erwarb 1870 eine Villa in der Vorstadt Hietzing, ganz in der Nähe von Dommayers Casino. Was Mutter Strauß trotz aller Bemühungen, was den (angeblich vierzehn) Bräuten des flotten Jean nicht gelungen war, das schaffte Jetty ganz selbstverständlich: sie fesselte ihren «Flattergeist» ans Haus! Jetty begann auch sogleich mit einer Neuorganisation der

Tätigkeit ihres Mannes. Da jetzt auch Eduard als Musikdirektor zur Verfügung stand, sollte sich Jean allmählich von der «Walzergeigerei» zurückziehen. Sie ermutigte ihn aber, noch einmal um den Titel eines «Hofball-Musikdirektors» einzukommen; in seinem Gesuch sollte er darauf hinweisen, daß er in den Ehestand eingetreten sei und daß er beabsichtige, künftighin nur noch bei Elitebällen zum Tanz aufzuspielen und im k. k. Volksgarten Konzerte zu geben.

Jean befolgte den Rat seiner Frau und wurde prompt am 25. Februar 1863 mit dem ersehnten Titel ausgezeichnet. Daß er dafür einen sehr hohen Preis bezahlte, ist Strauß wahrscheinlich gar nicht bewußt geworden. Indem er nämlich versprach, nicht mehr in der Vorstadt aufzutreten, verzichtete er darauf, auch weiterhin «Vorgeiger aller Wiener» zu sein. Und prompt übernahm darauf ein anderer diesen Anspruch. Da sich die Brüder Strauß just um diese Zeit mit dem Verleger Haslinger überwarfen, präsentierte dieser den blutjungen Carl Michael Ziehrer als «neues Talent» und ließ ihn im November 1863 an der Spitze einer Kapelle debütieren. Das war zunächst bedeutungslos, denn der schüchterne «Michi» konnte sich trotz mancherlei Hilfen gegen die Brüder Strauß damals nicht durchsetzen. Aber anno 1890 schrieb *Ziehrer* den Walzer «Wiener Bürger»!

Jetty Strauß blieb wohl keine andere Wahl, als ihrem Mann neue Ziele zu weisen. Strauß war erschöpft. Nach dem Karneval 1862 hatte er nur eine Polka komponiert, während der Hochzeitsreise und danach nur zwei Walzer und eine weitere Polka. Dann hatten die Ärzte eingegriffen. Aber die Pause war durchaus sinnvoll. In den vergangenen zehn Jahren waren die Arbeiten des stets am Rande neuer Krisen dahinlebenden Jean sehr unterschiedlich ausgefallen. Doch fanden sich geniale Impressionen darunter, wie etwa die den Technikern beziehungsweise den Fiakern zugedachten Walzer «Accelerationen» und «Phönixschwingen», die auf Grund von Anregungen aus dem Alltag spontan entstandenen Skizzen «Tritsch-Tratsch» (Titel eines Witzblatts), «Etwas Kleines» (Titel eines Theaterstückes), «Demolierer» (Spitzname der Abbrucharbeiter auf den Basteien) und «Perpetuum mobile» (Titel eines Monsterballes «Faschings-Perpetuum mobile oder Tanz ohne Ende»). Die als Konzertwalzer geplanten Tonstücke, wie «Wellen und Wogen», die in Gastein geschriebenen «Gedanken auf den Alpen» oder die in Rußland entstandenen Kompositionen «Gedankenflug» und «Schwärmereien» waren sehr sorgfältig ausgearbeitet.

Strauß war auch stets bestrebt, Einflüsse, die von den bedeutendsten Musikern der Epoche ausgingen, in seinen Kompositionen zu verarbeiten. Der Auseinandersetzung mit Richard Wagner folgte das Eintreten für Giuseppe Verdi, aus dessen Opern Johann Strauß Arien und Szenen brachte, obwohl die Wiener Kritik die meisten Bühnenwerke Verdis mit unsäglichen Schmähungen abwertete; dem Kontakt mit Franz Liszt entsprach später die Zusammenarbeit mit russischen Musikern, vor allem mit dem Kreis um Rubinstein und (1865) Tschaikowsky. Strauß komponierte in Pawlowsk nicht nur – dem Publikum zuliebe – schmachtende Romanzen, sondern ließ das Flair dieser Musik auch in Polkatänzen und Walzern anklingen, wie etwa in der einer Großfürstin gewidmeten «Olga-Polka», in einer der einen Sommer lang leidenschaftlich verehrten Olga Smirnitzky zugedachten «Kobold»-Polka Mazur und den der Zarin dedizierten «Krönungsliedern». Und als ab Oktober 1858 die Operetten Jacques Offenbachs in Wien bekannt wurden, übernahmen die Brüder Strauß auch die durch die Prägnanz und ihren Schwung so effektvollen Melodien des Wahlfranzosen unverzüglich in ihr Repertoire. Jean war derart beeindruckt, daß er nach der Erstaufführung von «Orpheus in der Unterwelt» in dem von Johann Nestroy geleiteten Carltheater sofort «nach den Memoiren aus Offenbachs Operette» eine «Orpheus-Quadrille» niederschrieb. Wagner, Verdi, Liszt, Rubinstein und Offenbach – ein gewaltiges Spannungsfeld also, in dessen Bereich die Brüder Strauß ihren eigenen Stil zu finden und zu entwickeln hatten!

Noch in Pawlowsk erfuhr Johann Strauß, daß die einflußreiche Journalisten- und Schriftstellervereinigung «Concordia» für ihren Ball im Fasching 1864 Jacques Offenbach um einen Walzer gebeten hatte. «Abendblätter» sollte er heißen. Sofort skizzierte er seinerseits eine Komposition, die er besonders gründlich ausarbeitete. Den Titel «Morgenblätter» allerdings erfanden die Journalisten; Strauß hätte eine direkte Anspielung auf Offenbach lieber vermieden. Er wollte die Arbeit des Rivalen sogar im eigenen Verlag herausgeben.

Auf jenem «Concordia»-Ball feierte Jean mit seinem genial durchgestalteten Walzer seinen ersten, ganz und gar unbestrittenen Sieg über Offenbach. Aber dieser trug ihm nichts nach, er soll ihn sogar beim Bankett ermuntert haben, ebenfalls Operetten zu komponieren. Jean lehnte bescheiden, fast erschrocken ab; aber Jetty hat gewiß aufmerksam zugehört. *Sie* wollte es längst . . .

Doch zunächst einmal traten die Brüder Johann und Josef Strauß zu einem faszinierenden Walzer-Wettstreit an: Im Sommer 1864 schrieb Pepi seine «Dorfschwalben aus Österreich», im Fasching 1865 trumpfte er mit dem «Dynamiden-Walzer» auf. Im Jahr darauf standen einander die Walzer

Rechts: «. . . Im Tarock bin ich im Stande, den Mitspielenden das Beuschel aus dem Leib zu reissen . . . » schrieb Strauß in einem humorvollen Brief an den Bildhauer Viktor Tilgner

ich finde, daß dieses Wort
eleganteren Ansicht gewährt –
so etwas französisch aussieht.
Ich bitte den lieben Mariane
wegen des [illegible] reizendsten
Vergnügen ihm Tarock auf-
sitzen zu lassen. Jemehr sich
der aufgesessene ärgert –
desto mehr freut sich meine
schöne Seele. Im Tarock bin ich
im Stande den Mitspielenden
den Leuchter(?) auf den Leib zu
werfen – mit glückseligster
Genugthuung weidet sich mein
Auge an dem Anblick wenn's
noch so gräulich ist und stinkt.
Mit herzl. Gruß an Dich, Marianna
und Mosé dein Schwager(?)

Johann

«Wiener Bonbons» (Johann) und «Deutsche Grüße» sowie der bezaubernde «Hellenen»-Walzer (Josef) gegenüber. Endlich bequemten sich die Wiener, diese weitausgreifenden Kompositionen als Einheit zu begreifen. Allmählich hieß es nicht mehr «die Walzer» – wie anno Biedermeier –, sondern «der Walzer». Und es wurde üblich, selbst Ballwidmungen der Brüder Strauß bei ihrer Uraufführung zunächst einmal konzertant zu spielen und erst bei der Wiederholung zu tanzen.

Auf einer seiner Reisen brachte sich Johann Strauß auch in Berlin wieder in Erinnerung: Er nutzte die gemeinsame Aktion Preußens und Österreichs in Schleswig-Holstein, um einen «Verbrüderungsmarsch» zu komponieren und damit beim königlichen Hof-Marschallamt an der Spree um einen Orden einzukommen. Als aber Preußen im Jahre 1866 die Donaumonarchie in einen Krieg verstrickte und binnen weniger Wochen niederwarf, wurde der sonst stets weltoffene Musiker – tief betroffen vom Schicksal seiner Heimat – plötzlich zum Patrioten. Spontan stellte er sein eben erst mit Jettys Hilfe erworbenes Haus als Offiziersspital zur Verfügung.

In dieser Grundstimmung skizzierte er einen neuen Walzer; einige Verse hatten ihn spontan inspiriert:

«Und ich sah dich reich an Schmerzen
und ich sah dich jung und hold,
wo die Treue wächst im Herzen
wie im Schacht das edle Gold:
an der Donau, an der schönen blauen Donau.»

Die Vision des Stromes wandelte sich in Musik. Aber Strauß legte die Skizze in seinen Schreibtisch. Für die Bälle des Faschings 1867 bereitete er andere Walzer vor: «Künst-

«An der schönen blauen Donau»;
eigenhändige Erstschrift des Klavierauszugs
der Chorfassung

lerleben» und «Telegramme». Da erinnerten Mitglieder des «Wiener Männergesangsvereins» daran, daß Strauß ihnen längst schon einen Walzer zugesagt hatte. Man wollte ihn bei der Faschingsliedertafel vortragen, die der Verein im Karneval statt des traditionellen Narrenabends zu veranstalten beschlossen hatte. Ein buntes Programm wurde zusammengestellt: Eine Parodie nahm die Wiener Kommunalpolitik aufs Korn, eine Polka verulkte die Biertischpolitiker, Mozarts «Dorfmusikantensextett» wurde gespielt, und eine sehr eindrucksvolle Abwandlung des «Prinz-Eugen»-Liedes galt der Situation Österreichs nach der Niederlage von Königgrätz.

Den Schwerpunkt des Abends sollte der Walzer bilden. Gefällig wie immer rückte Strauß das Reservestück heraus, den «Donauwalzer». Der Vereinsdichter Josef Weyl reimte darauf einige Strophen über Tagesaktualitäten. Sie gelangen nicht recht, von der Donau war überhaupt nicht mehr die Rede. Aber die Zeit drängte, und Strauß fügte sich seufzend.

«Wiener seid froh,
Oho, wieso»

begann nun der Walzertext. Es erwies sich als schwierig, die Melodien in einen vierstimmigen Chorsatz zu zwängen. Alle halfen zusammen, Strauß selbst «schmierte mit», änderte, erweiterte. Der Auftraggeber war unglücklich, der Text gefiel niemandem, auch der Chorsatz befriedigte nicht. Zudem stand für die Faschingsliedertafel am 15. Februar 1867 im Dianabadsaal das Strauß-Orchester nicht zur Verfügung, auch Johann Strauß selbst war verhindert.

Aber der Walzer «An der schönen blauen Donau», gespielt von der Regimentsmusikkapelle «König von Hannover», gesungen vom Wiener Männergesangverein, dirigiert

3. Johann Strauß,
Lithographie von Josef Kriehuber, 1853

4. Das Johann-Strauß-Denkmal im Wiener Stadtpark

von Chormeister Rudolf Weinwurm, fand trotzdem jubelnden Beifall und mußte wiederholt werden. Auch die erste Aufführung durch die Kapelle Strauß im Volksgarten und die Wiederholung vor der Künstlervereinigung «Hesperus» ernteten begeisterten Beifall. Von dem später so oft erwähnten Mißerfolg weiß die Chronik des Jahres 1867 nichts.

Johann Strauß in Paris:
als Dirigent bei einem Maskenball
in der Großen Oper

Freut euch des Lebens!

Im selben Jahr beschlossen Jean und Jetty Strauß eine Reise nach Paris und London. In der Hauptstadt Frankreichs fand während der Sommermonate eine Weltausstellung statt, sie schien dem Wiener Kapellmeister und Compositeur der ideale Rahmen für sein Debüt an der Seine zu sein. Aber das Unternehmen erwies sich als schwierig: Trotz mancher Verhandlungen fand sich niemand, der Strauß nach Paris eingeladen oder gar engagiert hätte. Der Plan, zusammen mit dem einstigen Rivalen Joseph Gungl, der nun in München tätig war, am Rande der Weltausstellung aufzuspielen, zerschlug sich. Jean und Jetty Strauß mußten also das erhebliche finanzielle Risiko für das Projekt selbst tragen.

Jeans Schulfreund, der Verleger und Theateragent Gustav Lewy, wurde als Kundschafter nach Paris entsandt, und weil die Strauß-Kapelle indessen von Josef und Eduard übernommen worden und in Wien unabkömmlich war, mußte man sich mit dem in Dresden wirkenden Musikdirektor Benjamin Bilse verbünden. Er sollte das Orchester stellen und das Rahmenprogramm – Ouvertüren, Potpourris, Salonpièecen – dirigieren.

Im letzten Augenblick ergab sich ein Glücksfall. Die Gattin des Botschafters der Donaumonarchie in Paris, Pauline Fürstin Metternich, präsentierte ihren Landsmann als Dirigenten der Tanzmusik bei einem grandiosen Ball, an dem «ganz Paris», mit dem Kaiserpaar Eugenie und Napoleon an der Spitze, teilnahm. Der Wiener Chronist Friedrich Uhl und Jetty Strauß haben dieses Fest beschrieben; es war für sie – und wohl auch für Johann Strauß – ein Traum, den sie zeitlebens nicht mehr vergaßen.

Mit dem Erfolg in der Botschaft war aber Paris noch keineswegs für Strauß gewonnen. Die ersten in eigener Regie im Théâtre des Italiens veranstalteten Konzerte spielten die Kosten bei weitem nicht ein; Bilse enttäuschte, nur die von Jean souverän vorgetragenen Wiener Weisen machten Eindruck. Da nahm sich die Zeitung «Le Figaro», allerdings nicht ganz selbstlos, der Sache an und wies in einer geschickten Propagandakampagne immer wieder auf Johann Strauß und seine Musik hin. Die Konzerte wurden in ein Klubgebäude dicht am Industriepalast verlegt – und hier im «Cercle International» stellte sich endlich der erhoffte künstlerische (und finanzielle) Triumph ein. Jetty konnte nach Hause berichten: *«Das Publikum ist so rasend in Jean verbrannt, daß ich keine Worte finde, diesen Enthusiasmus zu schildern. Jean ist jetzt hier der Löwe, es hat niemand einen ähnlichen Succes hier gehabt seit Jahren, es ist ein Fieber, ein kolossales Glück. Es kommen Anträge, Amerika ist schon darunter – fabelhaft, fabelhaft!»*

Der Triumph wurde mit einem breiten Fächer von Walzern und Polkaweisen errungen; der «Donauwalzer» war ebenso darunter wie die «Annenpolka» und die gemütlichen «Nachtfalter». Bei der Redaktion des «Figaro» bedankte sich Strauß mit einer neuen Polka, deren Klavierauszug (ein Novum!) in der Zeitung zum erstenmal veröffentlicht wurde.

In London gab es keine Probleme, hier ebnete Jetty durch ihre genaue Kenntnis der dortigen Usancen selbst den Weg. Strauß hatte sich mit dem Vortrag seiner Kompositionen ins Programmschema der «Coventgarden-Konzerte» einzufügen und setzte sich auch hier mit einem vielgestaltigen Repertoire durch, das von den «Sängerfahrten» (aus 1847) bis zu einer Chorfassung des «Donauwalzers» und einem neukomponierten «Festival Waltz» reichte. Er notierte über-

Johann Strauß
in der Karikatur im
«Cercle International» am Rande
der Großen Weltausstellung
in Paris

glücklich in seinem Tagebuch: «Großartiger Jubel wie *nie* im Leben!!!»

Nach Wien zurückgekehrt, nahm Jean den Wettstreit mit seinem Bruder Pepi wieder auf. Er mußte nun Meisterwerke wie den Walzer «Wein, Weib und Gesang» und «G'schichten aus dem Wienerwald» aufbieten, um mit den «Delirien», «Marienklängen», «Sphärenklängen», «Herbstrosen» und «Aquarellen» von Josef Strauß zu konkurrieren. Die im Sommer 1868 zum erstenmal aufgeführten «G'schichten aus dem Wienerwald» können als Gegenstück und Ergänzung zum «Donauwalzer» gelten; sie stellen eine Apotheose der Volksmusik um die Donaustadt dar, einen krönenden Abschluß der langen Reihe der «Walzer im Ländlerstyle» seines Vaters und seiner eigenen Jugendzeit.

Auf den Walzer «Mein Lebenslauf ist Lieb' und Lust» von Josef Strauß (1869) antwortet Johann mit einer Widmung für den ersten Ball im neuen Haus der Gesellschaft der Musikfreunde im Fasching 1870: «Freut euch des Lebens!» Seinen Höhepunkt hatte der stets in freundschaftlichem Einvernehmen geführte Wettstreit bereits im vorhergehenden Sommer erreicht, als die beiden Brüder in Pawlowsk gemeinsam die «Pizzicato-Polka» komponierten.

Das Engagement nach Rußland hatte Johann Strauß im Jahre 1869 übrigens nur unter der Bedingung angenommen, daß Josef ihn begleiten dürfe. Die Brüder wollten die Leitung der Konzerte in Pawlowsk künftighin für Josef sichern. Aber die Eisenbahndirektion ging darauf nicht ein. Da riskierte Josef, «um endlich einmal aus dem Kreuzergeschäft in Wien herauszukommen», auf eigene Rechnung die Übernahme einer Konzertsaison im eleganten Etablissement «Schweizerthal» in Warschau.

Im Sommer 1869 war jedoch bereits abzusehen, daß sich die Lebensbahn Josef Strauß' dem Ende zuneigte; Kopfschmerzen traten stärker auf denn je und häufige Ohnmachten signalisierten, daß das Gehirnleiden des ständig überarbeiteten Musikers in ein akutes Stadium getreten war. Es hat den Anschein, als habe Josef sich mit allen Mitteln über seinen Zustand hinwegtäuschen wollen, denn er gab gerade jetzt seinen neuen Kompositionen betont optimistische Titel: auf den Walzer «Mein Lebenslauf ist Lieb' und Lust» folgten die Schnellpolka «Ohne Sorgen», der Walzer «Frohes Leben» und die Polka «Heiterer Mut». Vergebens beschwor ihn seine Familie, die für den Sommer 1870 in Polen übernommenen Verpflichtungen abzusagen; er ließ sich nicht halten. Am Ostersonntag, dem 17. April, dirigierte er zum letzten Mal in Wien im herrlichen Saal des Musikvereins. In Warschau gab es Schwierigkeiten bei der Organisation der Kapelle und überdies Verluste, es klappte auch nicht so recht mit dem Zusammenspiel der bunt zusammengewürfelten Musikantenschar. Das alles war zuviel für den Todkranken. Josef Strauß brach während eines Konzerts zusammen. Jean – selbst krank – eilte zu Hilfe. Aber es gab keine Hilfe mehr. Im Februar 1870 war Anna Strauß gestorben, am 22. Juli folgte ihr – erst 43 Jahre alt – Josef in den Tod. Er wurde an ihrer Seite begraben.

Johann Strauß hat recht gut gewußt, warum er seinen Walzer «Freut euch des Lebens» mit einer fast elegischen Melodie beginnen ließ . . .

Strauß in einer zeitgenössischen Karikatur
mit der Partitur von «Indigo und die 40 Räuber»;
neben ihm Marie Geistinger, die Hauptdarstellerin
(und Direktorin) und Direktor Steiner

Tausendundeine Nacht

Im Frühsommer 1870 stand in allen Zeitungen, was ganz Wien schon längst ahnte: Johann Strauß arbeitete an einer Operette! Bereits sechs Jahre vorher war die Meldung aufgetaucht, aus dem Hause Strauß sei ein musikalisches Bühnenwerk zu erwarten, und in der Folge war einmal Johann, dann wieder Josef mit verschiedenen Theaterprojekten in Verbindung gebracht worden. Insgesamt waren die Gerüchte so zahlreich und doch so unbestimmt, daß man sie schon mit den jährlich wiederkehrenden Berichten über die Seeschlange im Meer vor Schottland verglich.

Dennoch «entbehrten sie nicht der Wahrheit». Im Hause Strauß beschäftigte man sich in der Tat mit Operettenplänen. Natürlich war Jetty der Motor dieser Entwicklung, mit unfehlbarem Instinkt wollte sie stets, was Jean brauchte. Sie hatte zweierlei erkannt, erstens, daß man nur für Bühnenwerke Tantiemen bekam (Tanzkompositionen wurden nach wie vor abgegolten) und zweitens, daß die Aufgabe noch unbewältigt war, den französischen Burlesken und Singspielen, Bluetten und Parodien, wie sie Jacques Offenbach unter dem Sammeltitel «Operette» in großer Zahl herstellte und damit die Bühnen überschwemmte, ein wienerisches Gegenstück an die Seite zu stellen.

Zwar hatte sich Franz von Suppé seit dem Jahre 1860 bemüht, Offenbachs Rezept nachzuahmen: mit dem Singspiel «Das Pensionat», der Burleske «Zehn Mädchen und kein Mann», dem Studentenulk «Flotte Bursche» und dem ungarischen Genrestück «Leichte Kavallerie» waren ihm auch sehr beachtliche Erfolge gelungen, aber schon seine «Schöne Galathée» war der «Schönen Helena» Offenbachs unterlegen, und seine abendfüllenden Operetten – etwa 1868 «Die Frau Meisterin» – erwiesen sich als eindeutige Mißgriffe.

Johann Strauß sträubte sich zunächst gegen die Operettenpläne; die Bühne war nicht seine Welt. Aber Jetty – mit der Theatersphäre vertraut – verstand es, zu vermitteln. Die Direktoren der Wiener Vorstadtbühnen wollten Strauß gerne behilflich sein – Offenbach nützte seine Regentschaft im Reich der Operette allzu unverschämt aus. Also begann Strauß sich intensiver in die gestellte Aufgabe einzuleben. Er skizzierte einige Entwürfe – etwa zu der Bluette «Romulus» – und verwarf sie wieder. Eine andere Operette – «Die lustigen Weiber von Wien» – scheint er vollendet zu haben, aber sie erreichte nicht das Rampenlicht. Er arbeitete willig weiter, nur geredet sollte darüber nichts werden, solange er seiner Sache nicht völlig sicher war.

Jetty blieb unerbittlich. Auch Josefs Tod konnte nichts daran ändern, daß sich Johann von der «Walzergeigerei» endgültig zurückzog; er legte sogar – bedankt mit dem Ritterkreuz des Franz-Josephs-Ordens – im Januar 1871 seine Tätigkeit als «Hofball-Musikdirektor» nieder. Eduard Strauß leitete das Orchester künftig allein und erbte auch den Ehrentitel. Er wirkte untadelig bis ins 20. Jahrhundert hinein in beiden Positionen, nur als Komponist hat der «schöne Edi» zu seinem Kummer seine Brüder kaum jemals erreicht.

Die letzten Hürden auf dem Weg, der Johann Strauß aus dem strahlenden Licht der Ballsäle ins Halbdunkel des Theater-Orchesterraumes führte, beseitigten Direktor Maximilian Steiner und Kapellmeister Richard Genée vom Theater an der Wien. Steiner ließ aus verschiedenen Operettensujets ein für Strauß seiner Meinung nach geeignetes Textbuch so lange aus- und umarbeiten, bis es der Komponist, obwohl es total verdorben worden war, akzeptierte. Der Routinier Genée, gleich begabt als Musiker wie als Librettist, gab den von Strauß in verschwenderischer Fülle beigesteuerten Liedern und Tanzweisen die theatergerechte Fassung.

Das Produkt der gemeinsamen Anstrengungen erhielt den Titel «Indigo und die vierzig Räuber» und ging am 10. Februar 1871 im Theater an der Wien zum erstenmal über die Bretter. Strauß selbst – vor Aufregung halb verrückt und vom Erfolg des Unternehmens bis zuletzt ganz und gar nicht überzeugt – dirigierte die Premiere. Das Publikum applaudierte bereits wie rasend, als er am Pult erschien, und es gab immer wieder Beifall für die Darsteller und den Komponisten, besonders als die Diva Maria Geistinger ein Walzerlied zum Lobpreis Wiens anstimmte. Am Schluß gingen die Ovationen «in einen Orkan von Beifall» über. Die «Wiener Operette», mit allen ihren Vorzügen und Schwächen, war geboren.

Daß es sich um ein vorerst noch nicht recht lebensfähiges Kind handelte, spielte keine Rolle. (Jacques Offenbach konnte mit seiner am 18. März im Carltheater startenden «Prinzessin von Trapezunt» Strauß' «Indigo» völlig mühelos überbieten!) Aber den Komponisten traf keinerlei Schuld an den unleugbaren Schwächen seines Bühnenerstlings. Er brillierte in dieser Partitur mit einem Aufgebot an Melodien, das für gut drei Operetten ausgereicht hätte. Seine Musik ging auch nicht verloren, als das Werk auf Grund der einfältigen Handlung und der witzlosen Dialoge nach etwa fünf Dutzend Vorstellungen vom Spielplan abgesetzt werden mußte. Die Melodien fanden, etwa als «Tausendundeine-Nacht»-Walzer, «Indigo-Quadrille» und «Bajadere»-Polka, auch von der Bühne her den Weg in die Tanzsäle, denn Strauß und sein Verleger verzichteten keineswegs darauf, die Operette gleichsam wieder in ihre Bausteine zu zerlegen und diese als Tanzmusik neuerlich zu verwerten.

Auf dem Umweg über Paris
kam die erste Strauß-Operette als «Königin Indigo»
wieder nach Wien zurück. Dauernden Erfolg hatte
das Werk jedoch erst in einer neuerlichen Bearbeitung
als «Tausendundeine Nacht»

Es war Johann Strauß selbstverständlich klar, daß eine Operette mehr sein mußte als die Summe ihrer Walzer- und Polkaweisen. Vom Ehrgeiz gepackt, verlangte er einen anspruchsvolleren Stoff. Die Direktion schlug ihm ein Sujet mit dem Titel «Carneval in Rom» vor; es streifte an die Sphäre der «opera comique» und verlockte den Komponisten zu «feinerem und zarterem Vertiefen seiner Einfälle». Der Walzerrhythmus wurde zurückgedrängt (Strauß selbst nannte das Werk später «meine Polka-Oper»), reißerische Effekte waren geradezu verpönt. Aber das Ergebnis der Uraufführung am 1. März 1873 war lediglich ein Achtungserfolg, und auch als Tanzmusik waren diese Melodien wenig gefragt.

Vieles wirkte zusammen, um der dritten Strauß-Operette besonderes Gewicht zu verleihen. Im Sommer 1873 wurde in Wien nach Pariser und Londoner Vorbild ebenfalls eine Weltausstellung abgehalten, aber das Unternehmen geriet sogleich in eine Krise, die ihrerseits einen Kurssturz katastrophalen Ausmaßes an der Börse auslöste und dadurch die Wirtschaft der Donaumonarchie in ihren Grundfesten erschütterte. Ganz zwangsläufig wurden auch die Theater in Mitleidenschaft gezogen und ihre Direktoren suchten verzweifelter denn je nach Kassenerfolgen, um zu überleben. Aber auch Strauß benötigte einen vollen Erfolg, um die Zweifel an seiner Befähigung zum Theaterkomponisten endgültig überwinden zu können.

Auf der Suche nach aussichtsreichen Stücken waren die Wiener Direktoren auf das Vaudeville «Le Réveillon» der auch als Offenbach-Librettisten bekannten Autoren Meilhac und Halévy gestoßen, das in Paris gefallen hatte. Der Stoff der Handlung kam den Wienern zwar bekannt vor – er war ihnen von dem Lustspiel «Das Gefängnis» des vielgespielten deutschen Schriftstellers Roderich Benedix her geläufig –, aber die Franzosen hatten vor allem das Milieu entscheidend verändert; in «Le Réveillon» wehte der Duft der großen Welt . . .

Nach einigem Hin und Her (der Hausdichter des Theaters an der Wien, Karl Haffner, hatte das Stück übersetzt, aber in dieser Form wollte es kein Direktor haben) entschloß sich Maximilian Steiner, aus dem Vaudeville ein Libretto für Johann Strauß machen zu lassen. Die Hauptarbeit fiel dabei Richard Genée zu, und der geschickte Kapellmeister ist dem Komponisten zweifellos auch bei der Ausarbeitung der Partitur an die Hand gegangen.

Strauß begeisterte sich an dem Stoff, vor allem aber an dem Milieu, in dem die Handlung nun spielte: ein fashionabler Badeort, reiche Nichtstuer, ein gewichtsloses «qui pro quo in eleganten Kreisen», ein russischer Großfürst, ein großer Ball – das war etwas für seine Phantasie. Leichtigkeit lag über allem, Leichtlebigkeit prägte die Charaktere, selbst das Gefängnis gab sich fidel. Der Trubel um die Weltausstellung regte die Stimmung des Komponisten weiter an, in enger Zusammenarbeit mit Genée schrieb Strauß in seiner Villa in Hietzing die Partitur rasch in einem Zuge nieder. Wenn die Phantasie der Librettisten einmal nicht ausreichte, dann half Strauß auch hier mit seinen Einfällen aus: «O je, o je, wie rührt mich dies . . .» Genée mag sich dafür mit der Anregung (und wohl auch mit der Ausführung) des Melodrams im dritten Akt revanchiert haben.

Im Frühjahr 1874 wurde das nunmehr «Die Fledermaus» betitelte Stück in aller Eile geprobt, die Theaterkrise ließ keinen Aufschub der Premiere zu. Obwohl für den Rest der Saison bereits eine kostspielige Stagione der Operndiva Adelina Patti vorgesehen war, wurde auch die Strauß-Operette noch ins Repertoire gezwängt.

Am Ostersonntag, dem 5. April 1874, ging «Die Fleder-

In einem Zug schrieb Johann Strauß
die Partitur der «Fledermaus» nieder. (Originalhandschrift,
Chor des zweiten Aktes: «Ha, welch ein Fest»)

maus» zum erstenmal über die Bretter des Theaters an der Wien, weder fertig geprobt noch in allen Rollen mit ersten Kräften besetzt. Trotzdem erzielten Werk und Aufführung mit Johann Strauß am Dirigentenpult unbestreitbar einen vollen Erfolg. Zwar hatte die Kritik am Libretto, an den Akteuren und auch an der Musik mancherlei zu bemängeln, aber in allen Berichten über den Premierenabend wird zuletzt doch ausnahmslos auf den entschiedenen Erfolg hingewiesen. Johann Strauß sah sich als Operettenkomponist bestätigt!

Bis zum Ende der Saison erreichte die «Fledermaus» trotz Patti-Stagione und Theaterkrise noch 45 ausgezeichnet besuchte Vorstellungen und trat bereits im Juli ihren Siegeszug um die Welt an. Auch in diesem Falle weiß die Jahreschronik nichts von einem Mißerfolg, von dem später so oft die Rede war.

Bei uns z'Haus

An ihrem zwölften Hochzeitstag im August 1874 hatte Jetty Strauß viel von dem erreicht, was sie sich in ihrer Ehe vorgenommen hatte: Jeans Gesundheit war zumindest stabilisiert, seine Arbeitskraft hatte sich stetig und voll entfaltet, spätestens seit dem «Donauwalzer» war er weltberühmt und auch in seiner Heimatstadt endlich unumstritten anerkannt, auch der Schritt vom Tanzkapellmeister zum Operettenkomponisten war geglückt. Strauß selbst hatte sich mit zunehmendem Vergnügen den neuen Gesetzen unterworfen, die nun für sein Leben galten. Er war wieder «zu jeder Hetz' aufgelegt» wie einst in seiner Jugend und hatte ein diebisches Vergnügen daran, jemandem einen – harmlosen – Streich zu spielen; Jetty hatte recht, wenn sie ihn ihren «Jeany-Buben» nannte.

Wie Strauß damals arbeitete, hat ein deutscher Journalist amüsant beschrieben: *«Sein nervöses Talent findet in der Villa in Hietzing die Ruhe, welche Jean Strauß über alles liebt. Er ist nicht so sehr der Herr als der Gott in seinem Haus. Man muß ihn sehen, wie freudig er die wenigen Freunde empfängt, mit welchen er täglich Whist spielt, ein Kartenspiel, welches neben der Musik seine einzige Passion ist. Arbeitet Strauß aber, so entfernen sich die Freunde geräuschlos, wie sie gekommen. Strauß arbeitet ‹fieberhaft›: er komponiert mit derselben Nervosität, mit der er das Orchester dirigiert. Sein Arbeitskabinett ist überall. In einem Sammetanzuge, mit Stulpenstiefeln, die Haare in Unordnung, so läuft er durch seine Appartements. Fällt ihm im Salon nichts ein, so rafft er seine Papiere zusammen und wandert in sein Schlafzimmer oder in das Boudoir seiner Gattin, und so*

Strauß in seinem Arbeitszimmer im Palais in der Igelgasse.
Seine Kompositionen pflegte er nicht am Klavier
oder mit der Geige, sondern
an einem Spezial-Harmonium auszuarbeiten

manchen in seinem Arbeitskabinett begonnenen Walzer vollendet er in der Küche.

Madame Strauß, welche die Angewohnheiten des aufgeregten Künstlers kennt, sorgt dafür, daß er in jedem Zimmer einen Tisch mit Schreibgeräten vorfindet, sodaß Gott Strauß sich überall heimisch fühlt. Man wird sagen, das sei eine ‹Inszenierung›, ein theatralischer Stil für einen Walzerkomponisten. Aber was will man? Strauß ist ein Künstler von der Zehe bis zum Scheitel, er ist einer jener fiebernden Künstler, welche in die kleinste Arbeit ihr Herzblut, ihre ganze Seele legen. Ob Strauß eine Operette oder eine Polka komponiert, er gerät in einen unbeschreiblichen Zustand nervöser Aufregung. Nach zwei oder drei Stunden solcher Arbeit ist er ermüdet wie ein Lastträger ... Dieses Fieber ist nicht Sache der Berechnung, nicht Pose. Der Grund seiner Aufregung ist Zaghaftigkeit – Strauß glaubt immer, hinter dem, was er schon geleistet, zurückzubleiben. Er gehört zu jener Rasse von Künstlern, welche ihr Leben damit verbringen, an sich selbst zu zweifeln und deren Arbeit in Folge dessen die mühevollste ist, die man sich denken kann.»

Zieht man die journalistischen Übertreibungen dieser für Paris geschriebenen Skizze ab, ergibt sich eine sehr eindringliche Studie: wie vordem vom Schatten seines Vaters fühlte sich Strauß nun vom eigenen Erfolg bedrängt, und nur sein Ehrgeiz, aller gespielten Oberflächlichkeit zum Trotz höchste Ziele anzustreben, ermöglichte ihm die Entfaltung seines Genies. Noch hatte er Jetty an seiner Seite, die ihn unterstützte. Aber ihre Kraft nahm nun allmählich spürbar ab, die Zeiten waren vorbei, in denen er ihre Hingabe als «Inspirationsquelle» empfand; quälende, sich lange hinziehende Erkrankungen bedrückten sie, mehr als einmal nannte sie sich selbst einen «armen Krüppel». So verlagerten sich allmählich die Perspektiven dieser Ehe. Nur die äußere Fassade, die die beiden unter Jettys kluger Führung errichtet hatten, blieb davon unberührt.

Als Johann Strauß sich dazu entschlossen hatte, sein Ehrenamt als «Hofball-Musikdirektor» niederzulegen, resignierte er keineswegs auch als Konzertdirigent. Seit seinen Erfolgen in Paris und London konnte er zwischen zahlreichen Gastspielangeboten wählen und die Honorare diktieren! In den Jahren 1871 und 1872 dirigierte er in Baden-Baden und verhalf der durch den Krieg zwischen Frankreich und Preußen schwer geschädigten Kurstadt zu einem neuen Aufschwung. Dabei trat er dem nunmehrigen Kaiserpaar Wilhelm und Auguste wieder völlig unbefangen gegenüber, die Ressentiments aus dem Jahre 1866 galten nicht mehr. Für Ehrungen und Orden dankte er sogar mit einer «Kaiser-Wilhelm-Polonaise» (die in Wien freilich schlicht «Fest-Polonaise» hieß!). Im Frühsommer 1872 wollte Strauß zunächst zu einem kurzen Gastspiel nach Pawlowsk reisen, aber dann lockte Amerika mit einem unüberbietbaren Kontrakt. Strauß brach also seine Verpflichtungen in Rußland (es gab einen Prozeß, und erst 1886 sorgte ein Besuch in St. Petersburg und Moskau für einen harmonischen Ausklang seines Wirkens im Zarenreich), Jetty und Jean machten ihr Testament, in dem sie sich gegenseitig zu Universalerben einsetzten, und fuhren gemeinsam in die «Neue Welt».

Der künstlerische Ertrag der Reise war unerheblich, und die Strauß-Konzerte in Boston und New York fielen auch keineswegs aus dem herkömmlichen Rahmen. Aber die Einnahmen von rund 25 000 Dollar für die Darbietungen und die Widmung eines «Jubilee-Waltz» konnten sich sehen lassen, und hörenswert war, was Strauß später – Dichtung und Wahrheit kühn vermischend – im Freundeskreis über seine Erlebnisse in Boston zu erzählen wußte:

«Auf der Musikertribüne befanden sich Tausende Sänger

«The Leader», amerikanische Strauß-Karikatur, 1872

und Orchestermitglieder, und das sollte ich dirigieren! Zur Bewältigung dieser Riesenmassen waren mir hundert Subdirigenten beigegeben, allein ich konnte nur die Allernächsten erkennen. Nun denken Sie sich meine Lage angesichts eines Publikums von hunderttausend Amerikanern! Da stand ich auf dem obersten Dirigentenpult – wie wird die Geschichte anfangen, wie enden? Plötzlich ein Kanonenschuß, ein zarter Wink für uns Zwanzigtausend, daß das Konzert beginnen müsse. Ich gebe das Zeichen, und nun geht ein Heidenspektakel los, den ich mein Lebtag nicht vergessen werde. Da wir so ziemlich zu gleicher Zeit angefangen hatten, war meine Aufmerksamkeit nur noch darauf gerichtet, daß wir auch zur gleichen Zeit aufhörten. Gott sei Dank, ich brachte auch das zuwege. Die hunderttausendköpfige Zuhörerschaft brüllte Beifall, und ich atmete auf, als ich mich wieder in freier Luft befand . . .»

Der Erfolg in Baden-Baden wog ungleich schwerer, und Hans von Bülow, Schüler Franz Liszts und als der erste «moderne Dirigent» Europas anzusehen, wies in einer begeisterten Rede darauf hin, wieviel von Strauß zu lernen sei. Unter den Assistenten seiner Konzerte befand sich auch der blutjunge Ernst von Schuch, der später als Leiter der Richard-Strauss-Premieren im Dresdener Opernhaus – darunter der Uraufführung des «Rosenkavalier» – in die Musikgeschichte eingegangen ist.

Das Jahr 1873 brachte ebenfalls einige interessante Konzert-Engagements: Am 22. April dirigierte Johann Strauß bei einem Festball im Musikverein anläßlich der Hochzeit der Kaisertochter Gisela mit dem Prinzen Leopold von Bayern zum erstenmal die Wiener Philharmoniker und führte dabei als Widmung den Walzer «Wiener Blut» auf. Während der Weltausstellung sollte Jean an der Spitze einer aus Deutschland verpflichteten Kapelle des Musikdirektors Julius Langenbach auf dem Gelände der «Rotunde» im Prater eigene Kompositionen dirigieren. Da es jedoch Schwierigkeiten gab, ließ Jean das Ensemble ungeniert im Stich und beschränkte sich darauf, einige Sonderkonzerte zu arrangieren. Dabei präsentierte er – zusammen mit dem Männergesangverein – in Hietzing einen weiteren Meisterwalzer, «Bei uns z'Haus», und im Musikverein einen Csardas für Gesang, der dann in den zweiten Akt der «Fledermaus» aufgenommen wurde. Die Philharmoniker dirigierte er nochmals bei einem Festabend im Musikverein, dabei erklang auch der Donauwalzer. Im Jahre 1874 unternahm Johann Strauß mit dem Langenbacher Orchester eine Konzertreise nach Italien (Widmungskomposition: «Wo die Zitronen blüh'n»), 1876 gastierte er in Berlin und Leipzig.

Dazwischen errang Strauß neue Erfolge in Paris. Ende 1875 ging dort im Renaissance-Theater eine Neufassung seiner ersten Operette unter dem Titel «Reine Indigo» (Königin Indigo) «mit größtmöglichem Erfolg» in Szene. Die Franzosen wollten nun auch die «Fledermaus» kennenlernen, aber das vereitelten die Librettisten Meilhac und Halévy mit dem Hinweis, das Wiener Textbuch sei ein Diebstahl, denn es beruhe auf einer nicht berechtigten Bearbeitung ihres Vaudevilles «Le Réveillon». Strauß mußte also für Paris ein ganz neues Libretto schreiben lassen, und als «La Tzigane» (Die Zigeunerin) hat die «Fledermaus» im Jahre 1877 Paris dann doch erreicht. Übrigens wehrten sich auch die Musiker der berühmten Maskenbälle in der «Grande Opera» gegen eine Zusammenarbeit mit Strauß, obwohl dieser vorsorglich seinen Beitritt zum «Verein der Musikkünstler» in Paris – unter Beilage einer Tausendfrancnote – erklärt hatte. Es kam also im Karneval 1877, als Strauß bei den Maskenbällen jeweils zwei Stunden eigene Tanzweisen aufspielte, zu einer Art Boykott, den erst die Intervention des

Staatspräsidenten Mac-Mahon beendete. Strauß wurde schließlich vielfach geehrt und mit dem Ritterkreuz der Ehrenlegion ausgezeichnet.

Einige Monate später war Johann Strauß Dirigent eines kurzen Konzerts, das der ersten «Opern-Soiree» in der Wiener k. k. Hofoper voranging: An der Spitze der Philharmoniker führte er bei dieser Gelegenheit seine schon im Theater an der Wien erprobte Phantasie «Alt- und Neu-Wien» auf.

Weniger Glück hatte der Komponist mit den Operetten, die er in diesen Jahren schrieb. Nach dem Erfolg der «Fledermaus» mußten sich die Direktionen entscheiden, ob sie der Wiener Operette internationales Flair geben oder sie in der Sphäre der Donaustadt ansiedeln sollten. Strauß selbst komponierte zwar willig für das Theater an der Wien das Textbuch «Cagliostro in Wien», drängte aber dann auf einen «auch für Paris geeigneten Stoff». Einen Vorschlag Richard Genées, Jean solle sein «einem französischen Sujet» folgendes Textbuch «Fatinitza» komponieren, lehnte Jetty ab. Sie befürchtete Schwierigkeiten à la «Fledermaus» mit den französischen Librettisten.

Franz von Suppé, der als Operettenkomponist bereits resigniert und zuletzt die Bühnenmusik zu einem Ausstattungs-Spektakel «Die Reise um die Welt in 80 Tagen» (nach Jules Verne) verfaßt hatte, erkannte seine Chance. Gedrängt von seinem Direktor Franz Jauner übernahm er es, «Fatinitza» eiligst für das Carltheater zu vertonen. Er hatte in der Folge zwar in Frankreich tatsächlich die von Jetty Strauß befürchteten Schwierigkeiten, aber die Operette ging trotzdem um die ganze Welt und machte den Namen des damals bereits 56jährigen endlich über die Grenzen Österreich-Ungarns hinaus bekannt.

Johann Strauß hingegen erzielte mit der Vertonung des eigens für ihn in Paris geschriebenen Textbuches «Prinz Me-

Die Strauß-Villa in der Maxingstraße
(früher Hetzendorferstraße) in Hietzing. Hier entstand
unter anderem «Die Fledermaus».
Nach Jettys Tod wurde das Haus verkauft

thusalem» im Carltheater nur einen Achtungserfolg. Offenbachiaden pflegte eben Offenbach treffsicherer zu komponieren!

Den Ertrag seiner Gastspielreisen und Operetten verwendete Johann Strauß zum Bau eines «Stadtpalais»; seine Villa in Hietzing erschien ihm nun, da er zur nobeln Wiener Gesellschaft gehörte, zu entlegen. Wieder war es Jetty, die das Grundstück auswählte und dafür sorgte, daß die Pläne der Architekten und Baumeister den Bedürfnissen ihres Mannes genau entsprachen. Jean sollte sich auch in der Igelgasse ganz und gar zu Hause fühlen.

Schon schritten die Arbeiten zügig voran, da starb Jetty am 8. April 1878 an den Folgen eines Schlaganfalls. Es mag gewiß zutreffen, daß sich der stets elegante, auf sein jugendliches Aussehen mit pedantischem Stolz bedachte Johann Strauß schon längst in andere Frauen verliebt, daß er sich zu dem einen oder anderen Abenteuer bereit gefunden hatte, aber als Jetty – angeblich nach einer Aufregung über den Brief eines ihrer Söhne – so plötzlich und unerwartet von seiner Seite gerissen wurde, zeigte er spontan, was seine Frau ihm bedeutet hatte: Tief erschüttert verließ er noch in der Todesnacht die Villa in Hietzing. Er hat sie samt allem Mobiliar verkauft und nie mehr seinen Fuß über die Schwelle gesetzt. Dem Leichenbegängnis «seiner Jetty» blieb er fern.

Doch bereits am 28. Mai heiratete Johann Strauß in der Wiener Karlskirche die Schauspielerin Angelika Dittrich . . .

Sinnen und Minnen

An der Seite seiner jungen Frau Lilly wurde Jean sozusagen endlich großjährig. Bisher war sein Weg stets vorgezeichnet gewesen, zuerst durch das Erbe, das er von seinem Vater übernommen hatte, dann durch die Vorsorge seiner Frau Jetty. Nun hatte er selbst die Richtung zu bestimmen.

Die Leidenschaft für die achtundzwanzigjährige aus Breslau stammende Ernestine Henriette Angelika Dittrich trieb Johann Strauß in eine zweite Jugend. Natürlich hätte er in Theaterkreisen unschwer erfahren können, auf welches Abenteuer er sich einließ, als er mit der ehrgeizigen, attraktiven Frau, deren langes Haar bis zum Boden reichte, vor den Altar trat; es gab genug Zeugen ihrer Versuche, mit so gut wie allen Mitteln als Sängerin oder noch lieber als Direktorin in dem Milieu sich durchzusetzen, das ihr von früher Jugend an die Welt bedeutete. Aber Strauß fragte keinen, er genoß das Feuer dieser Leidenschaft.

Unbekümmert schlitterte er in seine erste empfindliche Niederlage. Während er sich in Paris aufhielt, stand das Theater an der Wien vor dem Zusammenbruch. Von bedrückenden Sorgen abgelenkt, hatte Direktor Steiner ein Libretto für Johann Strauß zurechtmachen lassen, hinterher wußte keiner so recht zu sagen, wie es dabei eigentlich zugegangen war. Jean wiederum suchte einfach, seine für Paris komponierten Tanzweisen irgendwie mit den Versen und Szenen des Librettos in Einklang zu bringen. Als er nach Jettys Tod aus seiner Villa in Hietzing geflüchtet und ins Hotel gezogen war, ließ er «seinen Kram» in das noch unfertige Palais in der Igelgasse schaffen. Dabei gingen von der Partitur zwölf Nummern verloren und mußten hastig rekonstruiert werden. Lilly war durchaus bereit, Jean an die Hand zu gehen: sie half, wie Jetty, beim Kopieren. Und sie wollte ihren Mann auch nur allzugerne beraten, aber es waren, wie sich rasch zeigte, die Ratschläge einer Erfolglosen.

Erst am Premierenabend zeigte sich die Bescherung. Das Machwerk «Blindekuh» wurde vom Publikum abgelehnt. Ein Kritiker schrieb boshaft: «Diesmal fehlte die Treffz-Sicherheit.» Direktor Maximilian Steiner, schon todkrank, nahm alle Schuld auf sich. Bald darauf ging die Leitung des Theaters an der Wien auf seinen Sohn Franz über.

Jean reiste mit Lilly nach Paris und glänzte dort noch einmal als Tanzkapellmeister. Indessen feierte Franz von Suppé mit «Boccaccio» den stolzesten Triumph seines Lebens. Natürlich wollte Strauß so rasch wie möglich gleichziehen. Als er hörte, der Preßburger Theaterdirektor Bohrmann habe für Suppé ein Libretto vorbereitet, stand für ihn auch schon fest, daß er dieses Buch haben müsse. Das war nicht schwer, denn Suppé hatte sich bereits für einen anderen Stoff entschieden. Strauß beharrte auf seinem Plan, obwohl vier Librettisten nötig waren, um Bohrmanns Entwurf unter dem Titel «Das Spitzentuch der Königin» auf die Bühne zu bringen. Er kleidete das schwer verständliche Geschehen um die Person des Dichters Cervantes in kostbarste Musik. Die Handlung wurde sogleich im Prater parodiert, aber im Karneval 1881 tanzte ganz Wien nach den Melodien des Walzers «Rosen aus dem Süden», der aus dieser Operettenpartitur stammte.

Strauß hatte zum erstenmal selbst gewählt, und den Erfolg in des Nachbars Garten gesucht. Er blieb dabei: Das nächste Projekt ließ er sich von den Librettisten der Operette «Boccaccio», Zell und Genée, vorschlagen. Die routinierten Autoren, die damals Textbücher geradezu am laufenden Band herstellten, rieten ihm zum «Lustigen Krieg». Jean zog

Ernestine Henriette Angelika Dittrich,
Johann Strauß' zweite Frau

sich mit Lilly auf sein im Sommer 1880 erworbenes Landhaus im niederösterreichischen Kurort Schönau zurück und komponierte, wie zu Zeiten der «Fledermaus», das Libretto in einem Zuge. Um dem Komiker Alexander Girardi gefällig zu sein, nahm Strauß eine kleine Walzermelodie in die Partitur auf; da Zell und Genée sich als »erschöpft» erklärten, ließ Girardi sein Couplet von einem Freund textieren. Bei der Premiere der Operette am 25. November 1881 war dieses Liedchen, «Nur für Natur», der Schlager des Abends, Girardi stellte sich damit endgültig in die erste Reihe der Publikumslieblinge. Die anmutige Melodie gab aber auch dem Frau Angelika Strauß gewidmeten «Kußwalzer» ihren Zauber.

Mit dem «Lustigen Krieg» half Strauß die Folgen der schrecklichsten Theaterkatastrophe in der Geschichte Wiens, des Brandes im «Ringtheater», zu überwinden. Obwohl Kaiser Franz Joseph persönlich die Sicherheitsvorkehrungen aller Wiener Bühnen inspizierte, blieb das Publikum viele Wochen lang lieber zu Hause. Nur die Strauß-Operette brachte es auf mehr als hundert Vorstellungen in ununterbrochener Folge.

Um diese Zeit tauchten in den Journalen immer wieder Meldungen auf, Johann Strauß solle an dieser oder jener Theaterdirektion beteiligt werden, ja sogar selbst die Leitung einer Bühne übernehmen. Jean hatte zwar bei allen Plänen abgewunken, aber Lilly schien sie hartnäckig weiter zu betreiben. Nun verdiente zwar Strauß an den Operettenerfolgen recht gut, aber zur Leitung eines Theaters war er ganz gewiß ungeeignet und für einen Mäzen bei weitem nicht reich genug. Wien wußte, was es von alledem zu halten hatte, Strauß nicht.

Links: Johann Strauß 1879. Fotografie mit Widmung an Karl Streitmann

Eifrig machte sich der Komponist an das nächste Projekt. Die Firma Zell und Genée legte ihm zwei Textbücher vor: ein polnisches Sujet mit dem Titel «Der Bettelstudent» und einen weiteren italienischen Stoff: «Venetianische Nächte». Jean und Lilly entschieden sich für den Süden; so kam der Kapellmeister des Theaters an der Wien, Carl Millöcker, der sich bereits mit Possenmusiken und mehreren Operetten einen Namen gemacht hatte, zum Libretto seines Meisterwerks.

Jean und Lilly stritten sich, mehr lustig als bissig, wie es in ihrer Ehe üblich geworden war, über Einzelheiten der «Venetianischen Nächte». Da kam im September 1882 Jeans Schwester Anna nach Schönau und verriet, wo Lilly viele ihrer Tage und Nächte zubrachte: bei Direktor Franz Steiner im Theater an der Wien. Es war inzwischen sogar bei der Polizei bereits aktenkundig geworden. Jean tobte, war tagelang außer sich vor Wut, dann rettete er sich auf Reisen. Lilly aber räumte Schönau gelassen, um sich im Theater als «Frau Direktor Steiner» zu etablieren. Vielleicht glaubte sie, endlich ihre Lebensaufgabe gefunden zu haben.

Johann Strauß blieb nicht lange allein. Eine junge Witwe erfuhr durch ihren Schwiegervater Albert Strauß, der im Hirschenhaus wohnte und die mit ihm nicht verwandte Musikerfamilie Strauß seit vielen Jahren als Bankfachmann beriet, alle Einzelheiten über die Vorgänge in Schönau. «Netty hat Lilly gestürzt», schrieb er ihr, «sonst wäre sie heute noch Jeans Gattin und er trüge seine Hörner in Demut.» Witwe Adele Strauß kannte Jean, seit sie 1874 mit ihrem Gatten Anton ins Hirschenhaus gezogen war. Jean und Jetty waren unter den Gratulanten, als 1875 ihr Töchterchen Alice zur Welt kam, und unter den Trauergästen, als Anton Strauß bereits im Jahre 1877 starb. Nun suchte Adele entschlossen die Begegnung mit dem Mann, der sie wohl längst schon faszi-

5. Johann Strauß 1894,
zur Zeit seines großen Jubiläums.
Ölgemälde von Eduard Grützner

6. «Die Fledermaus» heute.
Szene aus dem zweiten Akt – «Ball bei Orlofski» –
in der Inszenierung der Wiener Staatsoper

Strauß mit seiner dritten Frau, Adele, geborene Deutsch, vor seinem Landhaus in Schönau/Niederösterreich

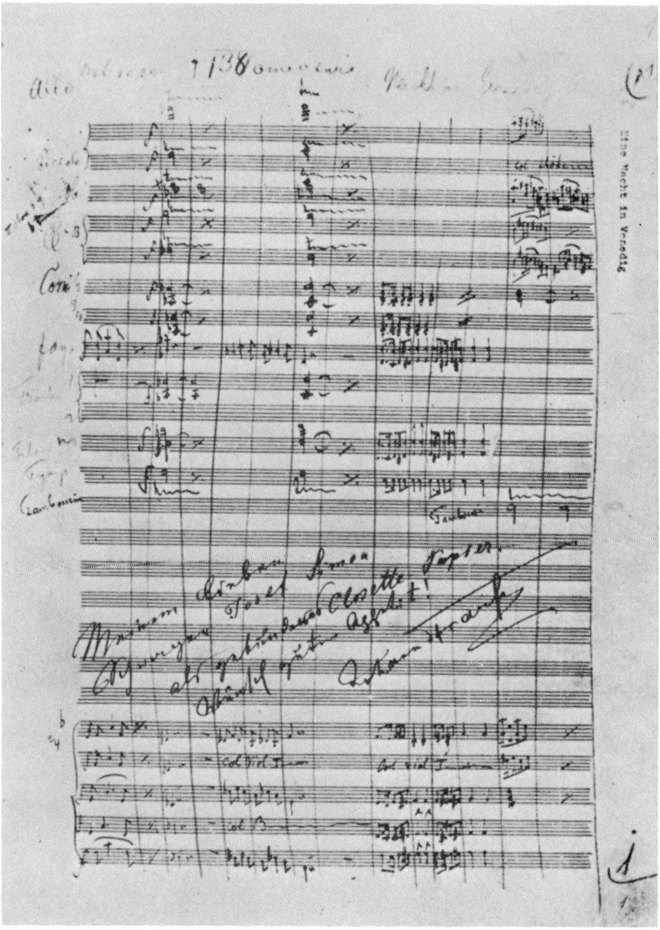

Autograph der Operette «Eine Nacht in Venedig»
mit Widmung «. . . als gebundenes Closette Papier . . .»

niert hatte. Sie kannte die Rolle Jettys genau, und traute sich zu, sie zu übernehmen. Jean verfiel der aparten Frau, die noch jünger war als Lilly, rasch und endgültig. Natürlich war zunächst nicht daran zu denken, die nun «Eine Nacht in Venedig» betitelte neue Operette im Theater an der Wien herauszubringen, die Hofoper zögerte, und das Carltheater mußte bald nach der Ringtheater-Katastrophe seine Pforten schließen. Also vergab Strauß die Uraufführung nach Berlin. Die Lösung war durchaus sinnvoll, denn das Friedrich-Wilhelmstädtische Theater war seit langem eine «Strauß-Bühne» und hatte weit höhere Aufführungszahlen, etwa der «Fledermaus», erreicht als das Theater an der Wien.

Dennoch kam es am 3. Oktober 1883 bei der Uraufführung der «Nacht in Venedig» an der Spree zu einem mißlichen Intermezzo. Obwohl Strauß, der selbst dirigierte, begeistert begrüßt worden war, machte sich alsbald Unruhe im Haus bemerkbar, und als im dritten Akt der Darsteller des Herzogs beim Vortrag des «Lagunenwalzers» zu den gewiß komischen Versen kam:

«Nachts sind die Katzen ja grau,
nachts tönt es zärtlich Miau!»

hatten die Tierstimmen-Imitatoren ein willkommenes Stichwort. Nur mit Mühe konnte sich der Sänger durchsetzen und das später (mit geändertem Text) weltberühmte Arioso beenden.

Während der Vorbereitungen an der Spree hatte Strauß schließlich zugestimmt, daß «Eine Nacht in Venedig» in Wien doch in dem Haus aufgeführt werden solle, für dessen Personal das Werk geschrieben worden war, im Theater an der Wien. So folgte der etwas mißratenen Uraufführung in Berlin schon am 9. Oktober die Premiere vor dem heimi-

Johann Strauß,
Kohlezeichnung von Leopold Horovitz, 1896

schen Publikum und brachte – schon den Berlinern zum Trotz – einen enthusiastischen Erfolg. Aber der Komponist zerstritt sich wegen des Intermezzos an der Spree endgültig mit den Librettisten, und auch der künstlerische Rang dieser Operette blieb noch lange verkannt. Jean befreite sich von alledem schließlich auf seine Art: Er widmete die Partitur seinem Schwager Josef Simon – als «gebundenes Closette-Papier» . . .

Die Hochspannung, in der Strauß sich befand, hielt zunächst weiter an; schon knapp nach der Scheidung von Lilly im Dezember 1882 reiste er mit Adele nach Pest. Man verbrachte zusammen mit Franz Liszt einen musikerfüllten Abend und erörterte dabei den Plan einer «ungarischen Operette». Als Dichter wurde Mór Jókay empfohlen, zu dem Jean sogleich ging, während Adele, die es nicht als schicklich erachtete, einfach mitzugehen, auf der Straße zurückblieb. Jókay verwirrte Strauß mit einer Fülle von Projekten, nannte aber schließlich die Novelle «Saffi». Wahrscheinlich über Adele und ihren Schwiegervater Albert nahm Jean wieder den Kontakt mit dem ungarischen Schriftsteller und Journalisten Ignatz Schnitzer, mit dem er bereits einmal verhandelt hatte, für die Herstellung einer geeigneten Bühnenfassung auf. Da indessen die Direktion Franz Steiner im Theater an der Wien gescheitert war, Franz Jauner dort das Kommando (freilich hinter den Kulissen) übernommen hatte und in dem neuen Kapellmeister Adolf Müller junior ein trefflicher Berater zur Verfügung stand, waren die Voraussetzungen für das Gelingen des Werkes ideal.

Schnitzer war geschickt genug, dem Komponisten zunächst nur Szenen und Situationen zu skizzieren. Strauß erfand charakteristische Melodien und Schnitzer suchte dann passende Verse dazu. Obwohl Strauß von früher Jugend an mit der ungarischen Musik ebenso vertraut war wie mit der wienerischen, ließ er sich Zeit, um alle Details sorgfältig auszuarbeiten. Schnitzer hat die Atmosphäre dieser Arbeit exakt beschrieben:

«In Strauß' Kopf summt und klingt und webt und treibt es ohne Unterlaß, und wie ein anderer um zu leben Luft einathmen muß, so muß er Melodien ausathmen. Auf jedem Tisch in seiner Wohnung, in jeder Tasche seiner Kleidung muß Notenpapier und Bleistift stets vorhanden sein, denn fast keine Stunde vergeht, in der es nicht etwas aufzuzeichnen gäbe. In der behaglich luxuriösen Einrichtung seines Wiener Hauses sowohl wie seines Sommersitzes in Schönau – hier wie dort fällt der Blick aus der Arbeitsstube in blühende Gärten – drückt sich die Stimmung aus, deren Johann Strauß nicht entraten kann, wenn er arbeiten soll. Wendet sich der Meister einmal einer größeren Arbeit zu, so ist er bis zu ihrer völligen Vollendung ihr Sklave. Sie läßt ihm nicht Ruhe, sie verfolgt ihn, wenn er ihr durch eine Spazierfahrt auf eine kurze Weile zu entrinnen sucht, sie jagt ihn oft in mitternächtlicher Stunde aus dem Schlafe. So bewußt sich Strauß seiner Erfolge ist, so bescheiden war er stets und ist es auch heute noch. Er ist geselligen Freuden nicht abhold, im Gegenteil, das Alleinsein ist ihm nur durch die Arbeit erträglich, hierbei allerdings auch Bedürfnis. In allzu zahlreicher Gesellschaft hat er sich von jeher beengt gefühlt, im kleineren Kreis aber genießt er ein paar heitere Stunden – und je tiefer sie sich in die Nacht hinein dehnen, desto lieber, mit sichtlichem Behagen. In solchen Stunden wird er auch mitteilsam auf dem Klaviere . . .»

In Wien ahnte man, daß «Der Zigeunerbaron» etwas Besonderes werden könnte. Selbst die k. k. Hofopern-Direktion ließ ihr Interesse erkennen. Aber Jauner blieb fest, und so ging die neue Operette am 24. Oktober 1885 zum erstenmal über die Bretter des Theaters an der Wien. Am nächsten

«Der Zigeunerbaron» im Theater an der Wien,
mit Alexander Girardi als Zsupan (links)
und Karl Streitmann als Barinkay (Mitte)

Morgen, dem 60. Geburtstag des Komponisten, waren das Werk und die Aufführung Stadtgespräch, und in wenigen Monaten eroberte der «Zigeunerbaron» alle großen Bühnen Deutschlands und Österreich-Ungarns. Alexander Girardi feierte als Schweinezüchter Zsupan persönliche Triumphe. Bei der 75. Vorstellung im Theater an der Wien wurde das Finale des zweiten Aktes – wahrscheinlich unter Assistenz des Kapellmeisters Müller – neu gestaltet; nun wurde auch der Rákóczimarsch einbezogen und insgesamt ein dramatischer Höhepunkt geschaffen, wie man ihn auf der Operettenbühne nur selten erreicht hat.

Während der Vorbereitungen zur «Zigeunerbaron»-Premiere hatte Wien am 15. Oktober 1884 den 40. Jahrestag des Strauß-Debüts bei Dommayer festlich begangen. Die Heimatstadt verlieh dem «Walzerkönig» taxfrei das Bürgerrecht (Ehrenbürger von Wien ist Strauß ebensowenig geworden wie etwa Beethoven), und Bürgermeister Uhl feierte ihn als «Inbegriff des frohen Wienertums».

Das aber war Johann Strauß damals schon nur noch in der Erinnerung. Sein steter Aufstieg hatte den einstigen Vorgeiger einer kleinen Kapelle bis an die Schwelle der «Komischen Oper» geführt, ihn jedoch der Sphäre des «wienerischen Lebens» immer mehr entzogen. Natürlich konnte Strauß auch jetzt noch zündende Tanzweisen erfinden, das bewiesen seine Operetten, und auch der «Frühlingsstimmen-Walzer», den die Koloratursängerin Bianca Bianchi am 1. März 1883 bei einer Matinee im Theater an der Wien und wenig später auch in der Hofoper sang, ließ sich gewiß noch tanzen – aber in den Etablissements der Donaustadt gaben alsbald schon Ziehrer und Komzak, der junge Fahrbach und überhaupt die Militärkapellmeister den Ton an. Von der Vorstadt her eroberten die Brüder Schrammel die Gunst aller Schichten der Bevölkerung.

Jeany Strauß, so nannten ihn die Wiener nun gerne, hat die Gefahren dieser Entwicklung genau erkannt. Er wußte, was die Schrammeln für seine Heimatstadt bedeuteten, und hat es den Musikanten auch ausdrücklich attestiert. Aber er zog sich trotzdem immer mehr in sein Palais in der Igelgasse zurück. Um Adele heiraten zu können, verließ er ungeniert den österreichisch-ungarischen Staatsverband und wurde Bürger von Sachsen-Coburg-Gotha. Und dann strebte er – von Adele ermutigt – der Oper zu. Auf dem Wege finden sich einige hübsche Walzer: «Wiener Frauen», der «Adelen-Walzer» und «Sinnen und Minnen». Aber sie waren nur noch Beiwerk.

«Die Schrammeln»; zeitgenössischer Scherenschnitt

Wiener Blut

Seltsam genug versuchte Strauß die Annäherung an die Oper. Er war wohl schon eingeladen worden, eine Ballettmusik für das Haus am Ring zu liefern, hatte aber abgelehnt: «Da ist nichts zu verdienen!» Doch wurde er wieder vom Erfolg eines anderen angeregt: Weil Victor Neßler mit dem «Trompeter von Säckingen» in der Oper reüssiert hatte, ließ auch er sich einen altdeutschen Stoff aufbereiten, und zwar von dem blutjungen Librettisten Viktor Léon, dem gerade sein erstes Libretto (für München) geglückt war. Gemeinsam erarbeiteten Strauß und Léon eine «ernste Operette» im Milieu des Dreißigjährigen Krieges, «Simplicius». Bei der Premiere am 17. Dezember 1887 hatte Johann Strauß Gelegenheit, seine trotz aller «Neuralgien» ganz ausgezeichneten Nerven zu beweisen: Als die Feder eines Choristen zu brennen begann, geriet das Publikum in Panik, beruhigte sich aber bald, als Strauß gelassen weiterdirigierte. Das Stück freilich gefiel niemandem. Der Komponist achtete jedoch keineswegs auf die Warnung durch diesen Mißerfolg, er verbündete sich abermals mit einem ungarischen Dichter, Ludwig von Dóczi, und schrieb nach dessen völlig undramtischem Textbuch die komische Oper «Ritter Pásmán». Drei Jahre mühte er sich mit dieser umfangreichen Partitur ab – doch als das Werk am 1. Januar 1892 endlich auf der Bühne der k. k. Hofoper erschien, reichte seine Lebenskraft nur für neun Vorstellungen, und einzig das große Ballett im dritten Akt (Walzer-Polka-Csárdás) riß das Publikum mit.

Es ist erstaunlich, daß Johannes Brahms, mit dem Strauß seit Jahren befreundet war und der sich im Palais des «Walzerkönigs» zu Hause fühlte, von dem ganzen Unternehmen nicht abgeraten hat. Brahms sorgte sogar dafür, daß Strauß mit seinem eigenen Verleger Simrock wegen dieser Oper in Verbindung kam. Aber der Kontakt wurde bald wieder aufgegeben.

Brahms konnte jedoch das Verdienst in Anspruch nehmen, seinen von ihm neidlos bewunderten Freund zu einer Serie genialer Konzertwalzer angeregt zu haben, die etwa mit dem «Kaiser-Jubiläum-Walzer» und den «Rathausballtänzen» beginnt und über den Höhepunkt des für Berlin komponierten «Kaiser-Walzers» (den Titel wählte der Verleger Simrock seinem Monarchen zu Ehren!) zu den «Märchen aus dem Orient» führt. Der Walzer «Seid umschlungen, Millionen», der im Zentrum dieser Gruppe steht, ist demgemäß Brahms gewidmet.

Das Scheitern seiner Opernpläne hat Strauß nur langsam verwunden. Er tröstete sich zwar: *«Der kleinste Erfolg einer Oper von mir steht in meinen Augen höher als viele andere; freue mich sogar, daß man mir keine Trivialitäten zum Vorwurf machen kann.»* Aber auch Eulenspiegeleien halfen ihm diesmal kaum über die Enttäuschung hinweg: *«Doch freut es mich (auch), die Welt und mich selbst getäuscht zu haben. Je mehr man schimpft, desto mehr freue ich mich. Ich habe sie doch alle schändlich betrogen.»* Wie ihm wirklich ums Herz war, zeigt die Widmung für den nächsten Ball der Journalistenvereinigung Concordia, «Unparteiische Kritiken».

Strauß sah sich nun wieder ins Lager der Operettenkomponisten zurückgeworfen, das indessen mit Suppé und Millöcker, Zeller und Czibulka, Genée, Müller und Weinberger, aber auch mit Franzosen und Engländern dicht besetzt war. Er arbeitete unter Zwang: *«Ich habe mich durch die dreijährige Arbeit am ‹Pásmán› finanziell verblutet. Wären nicht die finanziellen Umstände zu berücksichtigen, hätte ich mich nie mehr zu der verhaßten Arbeit an einer Operette*

Johannes Brahms und Adele Strauß in Bad Ischl,
wo die Familie Strauß ab 1894 jeden Sommer verbrachte

Das Billardzimmer des Palais
in der Igelgasse – Strauß nannte es «mein Caféhaus».
Hier spielte er mit seinen Freunden, zu denen auch
Johannes Brahms, Richard Heuberger, Viktor Tilgner,
Eduard Hanslick und der Chirurg Billroth zählten

herbeigelassen – doch Noth bricht Eisen und muß mich nolens volens fügen.»

Fast kritiklos ließ sich Strauß mit Librettisten zusammenspannen: Adele wählte sie meist unter bekannten Journalisten aus oder unter Autoren, auf die man gerade aus irgendeinem Grunde aufmerksam geworden war. Bei «Fürstin Ninetta» kannte der Komponist die Handlung überhaupt nicht, bei «Jabuka» fanden die Textdichter nur selten zu gemeinsamer Arbeit, und zur Komposition seiner letzten Operette «Die Göttin der Vernunft» mußte Strauß fast gezwungen werden. Beschämend für ihn war auch das mühselige Handeln, für das Werk einen Bühnenverlag zu finden. Verschiedene Tanzkompositionen aus dieser Zeit blieben überhaupt ungedruckt.

Und doch gelangen Strauß auch in diesem Rahmen Beweise seines genialen Talents: In der «Jabuka»-Partitur finden sich Kostbarkeiten, die Melodien für die Operette «Waldmeister» riefen noch einmal die Erinnerung an die Zeiten des «Donauwalzers» wach. Im übrigen schrieb der Komponist nur noch Gelegenheitswerke und verschiedene Skizzen: «Auf dem Tanzboden», «Auf der Alm», «Traumbilder». Es mag ihn gefreut haben, als plötzlich der «Neutöner» Richard Strauss bei ihm wegen des «Perpetuum mobile» nachfragte, weil er es bei seinen Konzerten ins Programm einzugliedern wünschte. Wenigstens einer wußte also, wohin seine Sachen gehörten . . .

Im Oktober 1894 feierte ganz Wien mit allergrößtem Aufwand das fünfzigjährige Kapellmeisterjubiläum des «Walzerkönigs». Es gab Festkonzerte und Empfänge, Huldigungen und Ehrungen: alle Wiener Komponisten schrieben für ihn mehr oder minder aufrichtige Widmungen, die Hofoper nahm – auf Initiative ihres Pensionsfonds und zu wohltätigen Zwecken – die «Fledermaus» als Mittagsvorstellung in ihren Spielplan auf. Strauß – betont fesch und elegant – ließ alles geduldig über sich ergehen. Er durchschaute den Aufwand: Die Stadt Wien, die ihre alte Fröhlichkeit längst schon verloren hatte, wünschte sich selbst zu verherrlichen, indem sie diesen Strauß-Kult inszenierte. Damit hatte er nichts zu schaffen und war froh, als man ihm wieder seine Ruhe ließ!

Nach den Feiern zeigte er sich immer seltener in der Öffentlichkeit, kaum einmal im Theater oder im Musikverein: *«Hat sein Bruder Edi seine Benefize, dann erscheint auch Johann Strauß im Saale. Mit seinem buschigen Haupt, den blinkenden Augen sitzt er – wie aus Stein gehauen – hinter der Brüstung.»*

Strauß «igelte sich ein»; er hatte in seinem Palais alles, was er brauchte, einen hellen Arbeitsraum und sein Billardzimmer, das er sein «Caféhaus» nannte und in dem er mit seinen Freunden, auf der Flucht vor sich selbst und seinem Ruhm, viele Stunden lang zu spielen pflegte. Im Sommer verlagerte er Arbeitsraum und Caféhaus in seine Villa in Ischl, die er ab 1892 regelmäßig aufsuchte.

Noch einmal gab es Pläne. Ein Preisausschreiben veranlaßte den Komponisten, eine moderne Version des «Aschenbrödel-Stoffes» als Ballett für die Hofoper zu schreiben, und Freund Franz Jauner, der wieder einmal Direktor des Carltheaters war, hatte die Idee, aus älteren Tanzweisen die Musik zu einer Operette «Wiener Blut» arrangieren zu lassen. Strauß stimmte begeistert zu, da nicht er, sondern Kapellmeister Adolf Müller die Arbeit tun sollte. Weil seine «Fledermaus» fünfundzwanzig Jahre alt geworden war, gab Strauß diesmal dem Drängen des Opernpersonals nach, die Ouvertüre des Werkes am Pfingstmontag, dem 22. Mai 1899, im Haus am Ring zu dirigieren.

Es war sein letztes Auftreten. Eine Verkühlung warf ihn

Johann Strauß' Totenmaske,
abgenommen von Kaspar von Zumbusch

aufs Krankenlager, eine heftige Lungenentzündung brachte ein rasches Ende. Im Fieber kehrte er noch einmal in die Welt seiner Jugend, seines Lehrers Drechsler zurück: «Brüderlein fein».

Am 3. Juni 1899 ist Johann Strauß gestorben. Wien bereitete ihm eine «grandiose Leich'».

Sein von Kapellmeister Josef Bayer ergänztes Ballett «Aschenbrödel» wurde vom Hofoperndirektor Gustav Mahler nicht akzeptiert und ging in Berlin zum erstenmal über die Bretter. Die Operette «Wiener Blut» gefiel wiederum dem Publikum nicht, das Werk, das immerhin die Summe aller Tanzweisen von Johann Strauß enthielt, mußte nach kaum 30 Vorstellungen abgesetzt werden. Direktor Jauner nahm sich das Leben.

Die schönste Totenfeier haben wohl die Philharmoniker dem «Walzerkönig» bereitet: Sie spielten bei der zu seinen Ehren ziemlich lieblos arrangierten Aufführung der «Fledermaus» im Haus am Ring unter Pepi Hellmesbergers Leitung als Zwischenaktmusik den «Donauwalzer» – und das Publikum jubelte vor Begeisterung.

Sein Lebenswerk hat Strauß übrigens selbst unübertrefflich charakterisiert. Er sagte beim Festbankett im Jahre 1894: «Die Auszeichnung, die mir zuteil geworden, verdanke ich wohl zunächst meinen Vorgängern, vor allem meinem Vater. Sie haben mir angedeutet, auf welche Weise ein Fortschritt möglich ist; er war nur möglich durch die Erweiterung der Form, und das ist mein Verdienst, mein schwaches Verdienst. Ich fühle, daß man mich zu sehr auszeichnet; man tut mir zuviel Ehre an.»

Man hat dies als Bescheidenheit mißdeutet. Aber es war eine stolze Bilanz: Denn Johann Strauß war – wie Johann Sebastian Bach und Wolfgang Amadeus Mozart – in seinem Genre ein Vollender. Unübertrefflich und unübertroffen.

Die Musik …

... ist der schönere Teil des Lebens. Noten lassen Nöte vergessen.

Beim Walzer dreht sich alles um einen herum. Ansonsten dreht sich alles ums Geld.

Zwar lassen auch Banknoten Nöte vergessen. Man kann aber nicht auf sie pfeifen. Das macht die Sache so ernst.

Zeittafel

1801 Joseph Lanner geboren
1804 Johann Baptist Strauß (Vater) geboren
1814 Wiener Kongreß (bis 1815)
1819 Jacques Offenbach und Franz von Suppé geboren
1825 Hochzeit Johann Strauß – Anna Streim (11. 7.)
Johann Baptist Strauß (Sohn) geboren (25. 10.)
1827 Josef Strauß geboren
1835 Eduard Strauß geboren
1843 Joseph Lanner gestorben
1844 Debüt Strauß Sohn als Musikdirektor und Compositeur
1846/47 Konzertreisen Strauß Sohn nach Ungarn, Siebenbürgen und in die Walachei
1848 Ausbruch der Revolution in Wien
Strauß Vater: «Radetzkymarsch», Strauß Sohn: «Revolutionsmarsch», «Barrikadenlieder», «Ligourianerseufzer»
1849 Strauß Vater gestorben (25. 9.)
1850 Konzertreise nach Warschau
1852 Johann Strauß dirigiert bei Hof. Reise nach Hamburg
1853 Josef Strauß debütiert als Musikdirektor
1854 Hochzeit des Kaisers Franz Joseph mit Elisabeth, Prinzessin in Bayern (Strauß: «Myrthenkränze-Walzer»)
1856 Reise nach Pawlowsk (von da ab alljährlich bis 1865)
1857 Josef Strauß heiratet Karoline Pruckmayer
1858 Erste Offenbach-Operette in Wien
1859 Österreich verliert Feldzug in Oberitalien
1860 Offenbachs «Orpheus in der Unterwelt», bearbeitet von Johann Nestroy, im Carltheater

1861 Strauß: «Perpetuum mobile»

1862 Johann Strauß heiratet Jetty Treffz (Henriette Chalupetzky);
Eduard Strauß debütiert als Musikdirektor

1863 Johann Strauß wird «Hofball-Musikdirektor»; C. M. Ziehrer debütiert als Musikdirektor und Komponist

1864 Concordiaball (12. 1.): Offenbachs «Abendblätter» gegen Strauß' «Morgenblätter»

1866 Niederlage Österreichs gegen Preußen. Skizzen zum «Donauwalzer»

1867 Josef Strauß: «Delirien»; Johann Strauß: «An der schönen blauen Donau» (Faschingsliedertafel)

1868 Josef Strauß: «Sphärenklänge»-Walzer, «Plappermäulchen»-Schnellpolka. – Johann Strauß: «G'schichten aus dem Wienerwald»

1869 Johann Strauß: «Wein, Weib und Gesang»; Josef Strauß: «Mein Lebenslauf ist Lieb' und Lust»
Mai bis September: Johann und Josef Strauß in Pawlowsk («Pizzicato»-Polka)

1870 Erster Ball der Gesellschaft der Musikfreunde im neuen Haus. (Johann Strauß: «Freut euch des Lebens»-Walzer). Ab März Sonntagskonzerte der Kapelle Strauß im Musikverein. Anna Strauß und Josef Strauß gestorben

1871 Johann Strauß bittet um Enthebung als Hofball-Musikdirektor (Nachfolger: Eduard Strauß)
Erste Operette «Indigo und die 40 Räuber» (Theater an der Wien) – Quodlibet «Alt- und Neu-Wien» (Theater an der Wien) – Reise nach Baden-Baden

1872 Reisen nach Boston (USA) und Baden-Baden

1873 Operette «Carneval in Rom» (Theater an der Wien) – Strauß dirigiert die Philharmoniker beim Opernball im Musikverein.

«Wiener Blut»-Walzer.
Weltausstellung im Prater

1874 Operette «Die Fledermaus» (Theater an der Wien) – Reise nach Italien

1875 Operette «Cagliostro in Wien» (Theater an der Wien) – Neufassung «Reine Indigo» (Paris)

1876 Palais Strauß ersteht in der Igelgasse – Reise nach Berlin und Leipzig

1877 Operette «Prinz Methusalem» (Carltheater) – Reise nach Paris (Opern-Maskenbälle, Festkonzert); «Le Tzigane» (Neufassung der «Fledermaus» für Paris)

1878 Henriette Strauß gestorben (8. 4.)
Johann Strauß heiratet Angelika Dittrich (28. 5.)
Operette «Blindekuh» (Theater an der Wien)

1880 Strauß kauft Landhaus in Schönau, Niederösterreich. Operette «Das Spitzentuch der Königin» (Theater an der Wien) Jacques Offenbach in Paris gestorben

1881 Operette «Der lustige Krieg» (Theater an der Wien) Brandkatastrophe im Ring-Theater

1882 Die Ehe mit Lilly Strauß geht auseinander. Verbindung mit Adele Strauß

1883 «Frühlingsstimmen»-Walzer
Operette «Eine Nacht in Venedig» (Friedrich-Wilhelmstädtisches Theater, Berlin)

1884 Erstes Strauß-Jubiläum. Verleihung des Bürgerrechts

1885 C. M. Ziehrer wird Kapellmeister des Deutschmeister-Regiments. Strauß-Operette «Der Zigeunerbaron» (Theater an der Wien)

1886 Johann und Adele Strauß in Rußland

1887 Strauß wird Bürger von Sachsen-Coburg-Gotha – Heirat mit Adele in Coburg
Operette «Simplicius» (Theater an der Wien)

1889 Vertrag mit Verlag Simrock. «Kaiserwalzer» in Berlin

1892 Komische Oper «Ritter Pásmán» (Hofoperntheater Wien)
1893 Operette «Fürstin Ninetta» (Theater an der Wien)
1894 Kauf einer Villa in Bad Ischl. Zweites Strauß-Jubiläum.
Operette «Jabuka» (Theater an der Wien). Erste Aufführung der «Fledermaus» in der Hofoper
1895 Franz von Suppé gestorben. Strauß-Operette «Waldmeister» (Theater an der Wien)
1897 Operette «Die Göttin der Vernunft» (Theater an der Wien)
1899 Strauß dirigiert die «Fledermaus»-Ouvertüre in der Hofoper (22. 5.)
Johann Strauß am 3. 6. gestorben
Operette «Wiener Blut» (arrangiert von Adolf Müller) im Carltheater
1901 Ballett «Aschenbrödel» (ergänzt von Josef Bayer) im Kgl. Opernhaus Berlin

Literaturnachweis

Die sehr umfangreiche Sekundärliteratur über die Familie Strauß wurde in dieser Arbeit bewußt nicht verwendet. Text und Register beruhen auf eigenen Studien des Autors. Beachtet wurden lediglich:

Max Schönherr/Reinöhl: Johann Strauß Vater. Ein Werksverzeichnis, Universal Edition London–Wien–Zürich 1954

Beiträge von Prof. Max Schönherr in der «Österreichischen Musikzeitschrift».

Hanns Jäger-Sunstenau: Johann Strauß. Der Walzerkönig und seine Dynastie, Verlag Jugend und Volk Wien–München 1965.

Bildnachweis

Buchschild: Johann Strauß, nach einer Fotografie von Grillich, um 1890 (Historisches Museum der Stadt Wien)

Dick (Historisches Museum der Stadt Wien)
69 Johann Strauß dirigiert «Les Concerts du Cercle International», Karikatur aus «Le Drolatique», 1867, Holzstich von F. Gillot nach E. Durandeau (Historisches Museum der Stadt Wien)
72 Johann Strauß mit der Partitur von «Indigo», zeitgenössische Karikatur aus «Die Bombe», 1871 (Historisches Museum der Stadt Wien)
76 Szenenbild aus «Königin Indigo», nach einer Zeichnung von H. Fritzmann (Historisches Museum der Stadt Wien)
79 Auszug aus der Originalpartitur von «Die Fledermaus» (Wiener Stadtbibliothek)
82 Strauß an der Hausorgel, Fotografie von Grillich (Historisches Museum der Stadt Wien)
85 Johann Strauß nach einer amerikanischen Karikatur, 1872
89 Strauß-Villa in der Maxingstraße (früher Hetzendorferstraße) in Wien-Hietzing (Fotografie: Fred Peer)
93 Angelika Dittrich, Fotografie (Bildarchiv der Österreichischen Nationalbibliothek)
94 Johann Strauß im Jahre 1879, Fotografie (Bildarchiv der Österreichischen Nationalbibliothek)
97 Johann und Adele Strauß in Schönau/NÖ., Fotografie (zur Verfügung gestellt von Franz Feldkirchner, Salzburg)
98 Autograph von «Eine Nacht in Venedig» mit Widmung « . . . als gebundenes Closette Papier» (Wiener Stadtbibliothek)
100 Johann Strauß, kolorierte Kohlezeichnung von Leopold Horovitz, 1896 (Historisches Museum der Stadt Wien)
103 Szenenbild aus «Der Zigeunerbaron» mit Alexander

Die Tafelabbildungen zeigen:

1. Anna Strauß geborene Streim, nach einem Aquarell von Johann Heinrich Schramm (Historisches Museum der Stadt Wien)
2. «Ball im Wiener Sophienbadsaal», kolorierter Holzstich nach einer Zeichnung von Franz Kollarz, um 1855
3. Johann Strauß, Lithographie von Josef Kriehuber, 1853 (Historisches Museum der Stadt Wien)
4. Johann-Strauß-Denkmal im Wiener Stadtpark (Fotografie: Fred Peer)
5. Johann Strauß, 1894, Ölgemälde von Eduard Grützner (Historisches Museum der Stadt Wien)
6. Szene aus «Die Fledermaus», Wiener Staatsoper, 1975 (Fotografie: Fayer)

Der Verfasser schuldet der «Wiener Johann-Strauß-Gesellschaft», insbesondere Herrn Prof. Dr. Fritz Racek, Dank für zahlreiche Auskünfte, für Beratung und Überprüfung.

rowohlts monographien

Herausgegeben von Kurt Kusenberg

Betrifft: Musik

Johann Sebastian Bach
von Luc-André Marcel (83)
Belá Bartók
von Everett Helm (107)
Ludwig van Beethoven
von Fritz Zobeley (103)
Alban Berg
von Volker Scherliess (225)
Hector Berlioz
von Wolfgang Dömling (254)
Johannes Brahms
von Hans A. Neunzig (197)
Anton Bruckner
von Karl Grebe (190)
Frédéric Chopin
von Camille Bourniquel (25)
Antonin Dvořák
von Kurt Honolka (220)
Georg Friedrich Händel
von Richard Friedenthal (36)
Joseph Haydn
von Pierre Barbaud (49)
Franz Liszt
von Everett Helm (185)
Gustav Mahler
von Wolfgang Schreiber (181)
Felix Mendelssohn Bartholdy
von Hans Christoph Worbs (215)
Wolfgang Amadé Mozart
von Aloys Greither (77)
Modest Mussorgsky
von Hans Christoph Worbs (247)
Jacques Offenbach
von P. Walter Jacob (155)
Max Reger
von Helmut Wirth (206)
Arnold Schönberg
von Eberhard Freitag (202)
Franz Schubert
von Marcel Schneider (19)
Robert Schumann
von André Boucourechliev (6)
Richard Strauss
von Walter Deppisch (146)
Georg Philipp Telemann
von Karl Grebe (170)
Peter Tschaikowsky
von Everett Helm (243)
Giuseppe Verdi
von Hans Kühner (64)
Richard Wagner
von Hans Mayer (29)
Carl Maria von Weber
von Michael Leinert (268)
Anton Webern
von Hanspeter Krellmann (229)